Apprendre à dessiner

TOUT 365

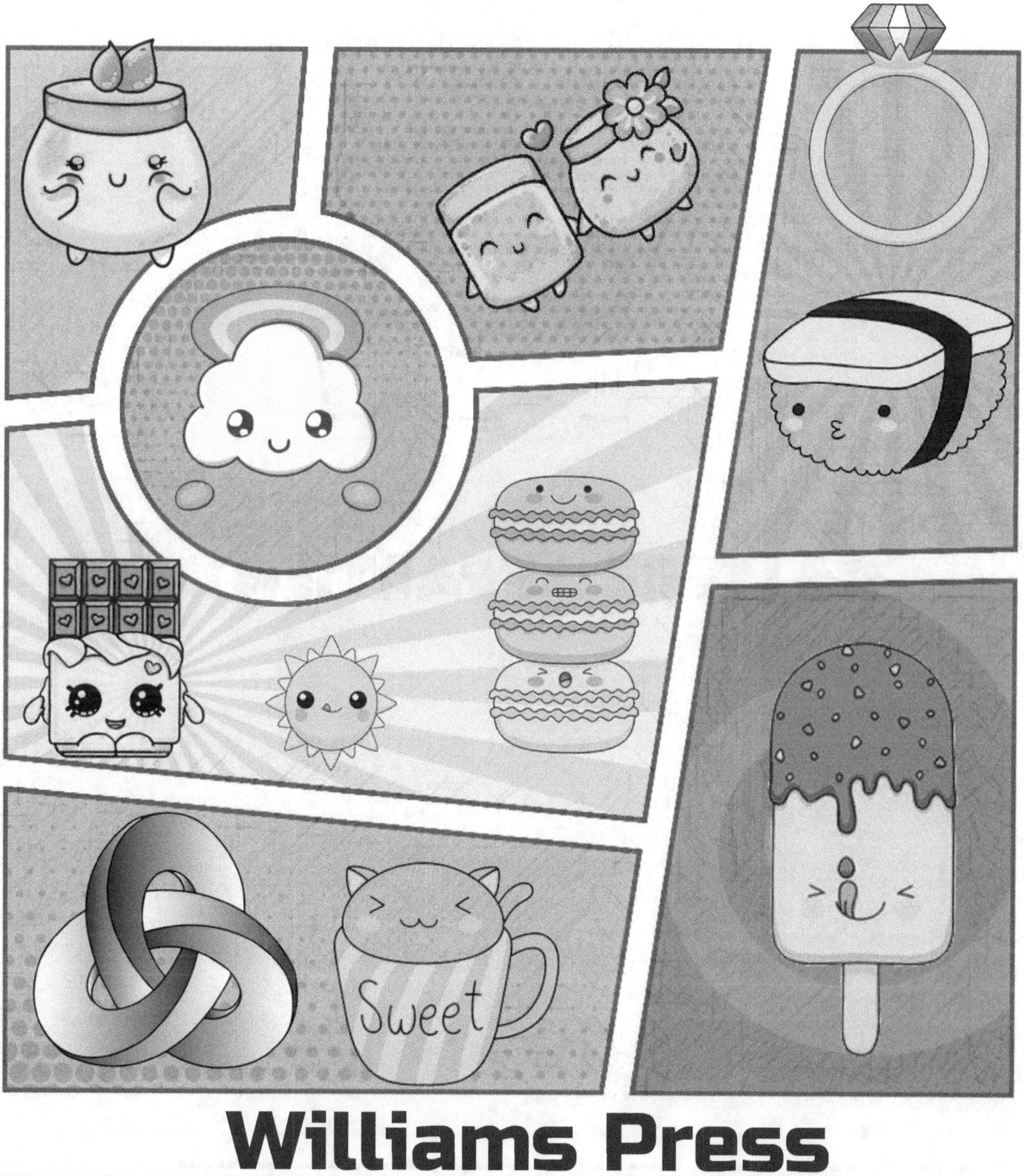

Williams Press

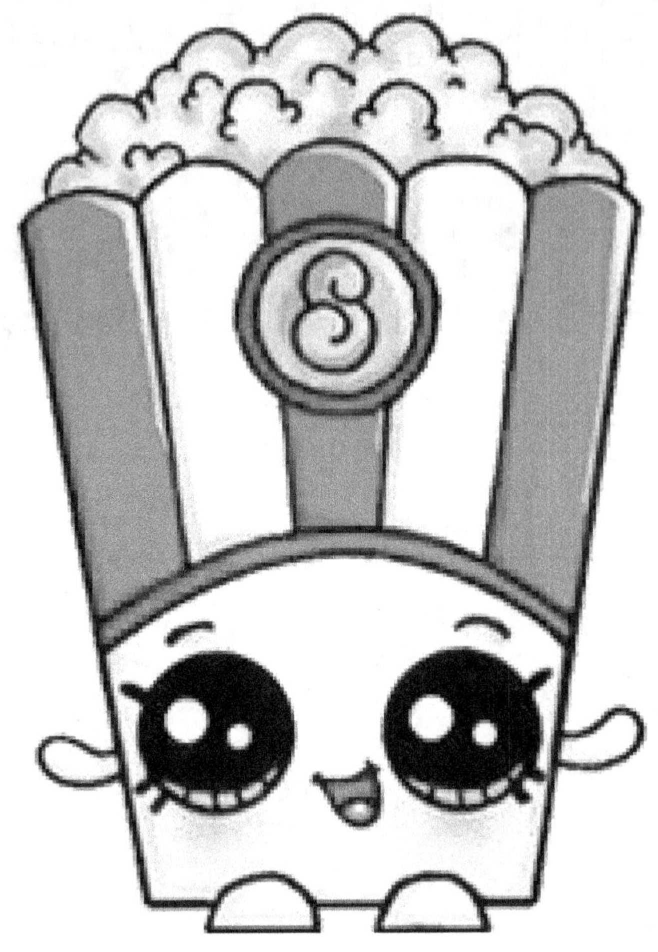

CE LIVRE APPARTIENT À

TOUT 365

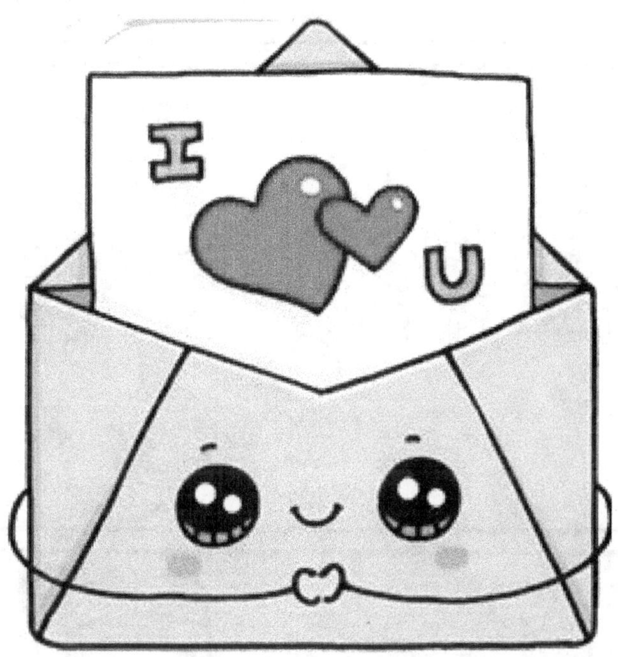

Comment utiliser ce livre, Tout ce dont vous avez besoin pour commencer est un morceau de papier, un crayon et une gomme, mais n'hésitez pas à utiliser n'importe quel outil pour dessiner les personnages.

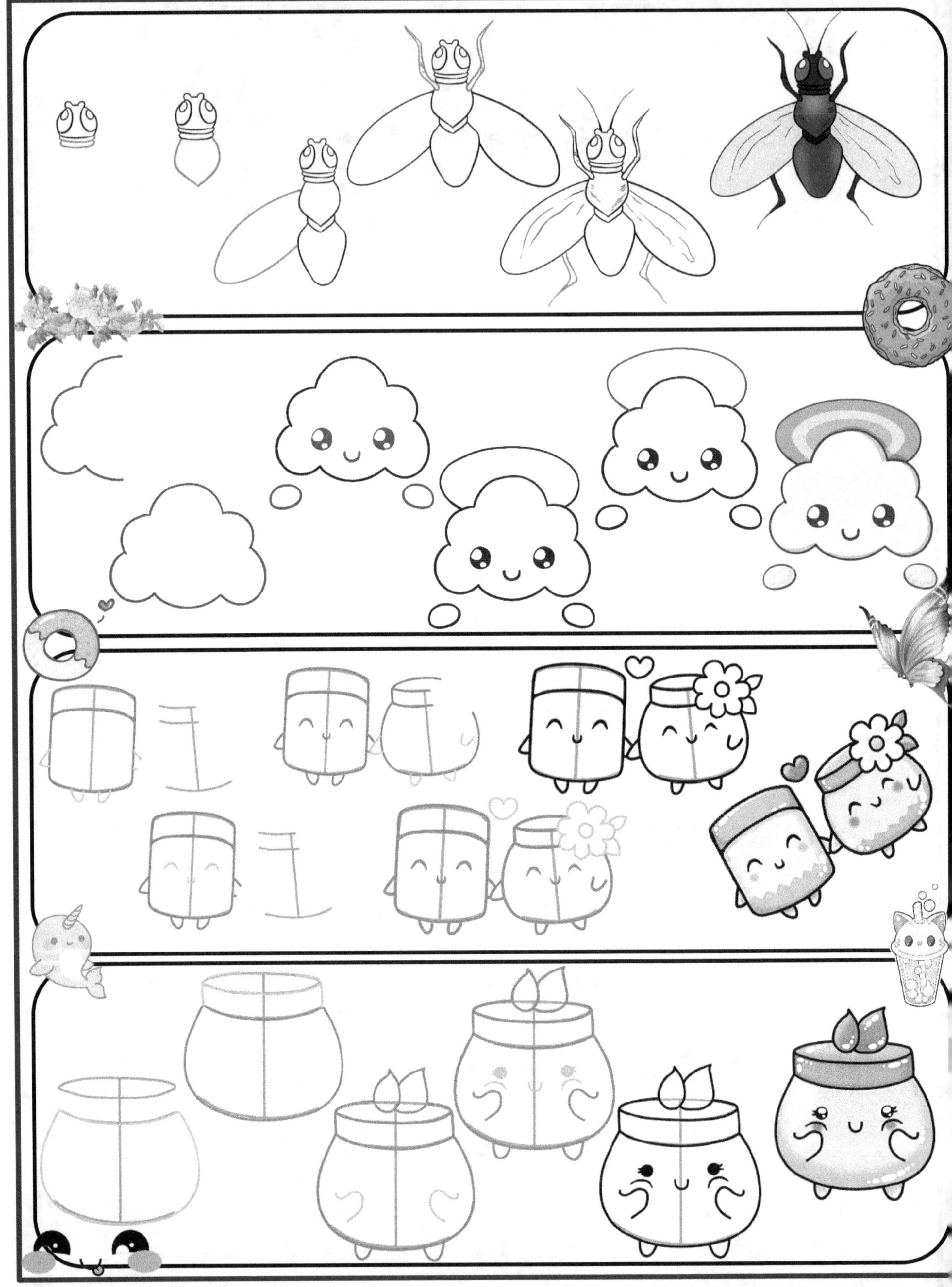

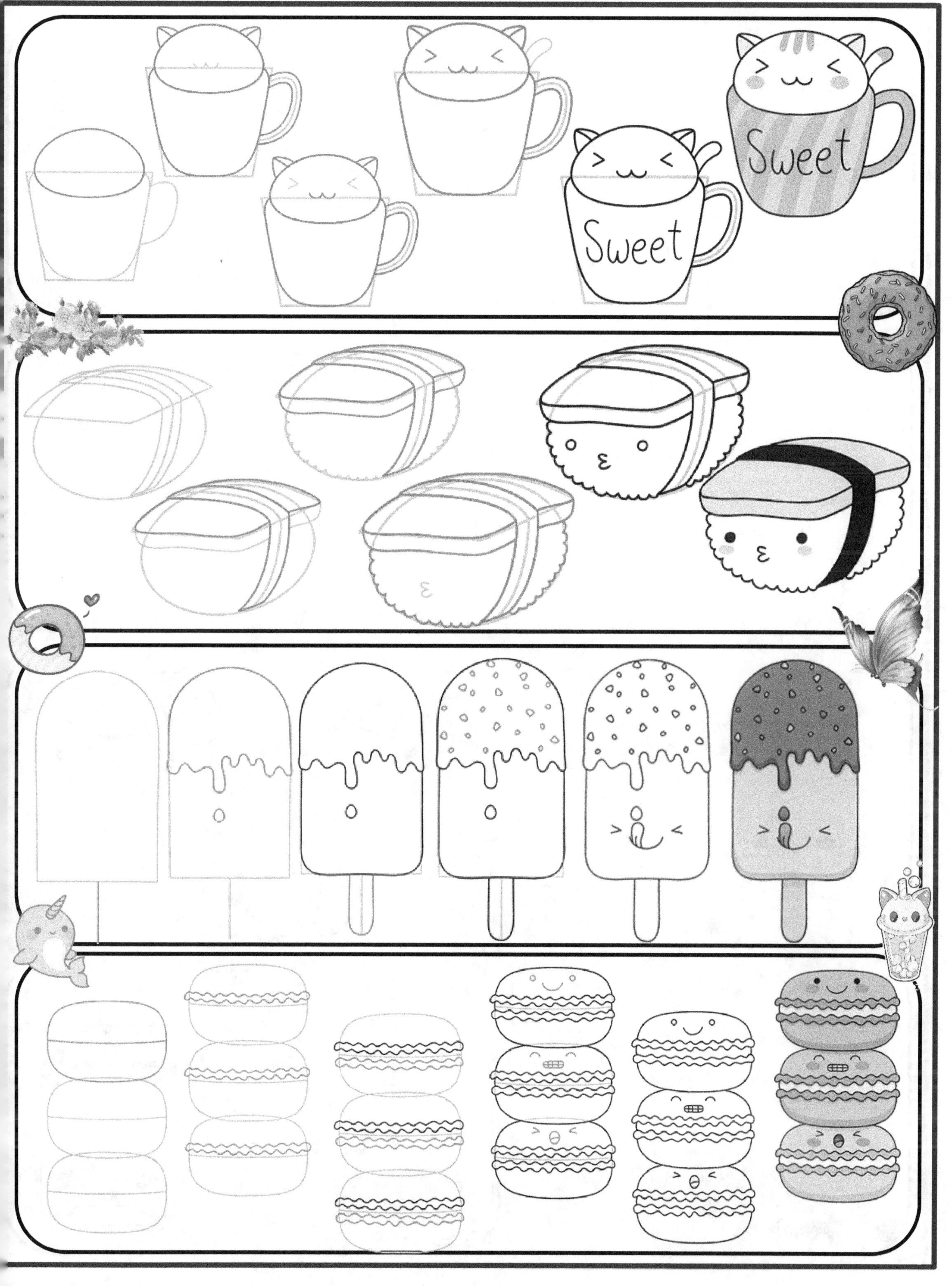
Sweet
Sweet

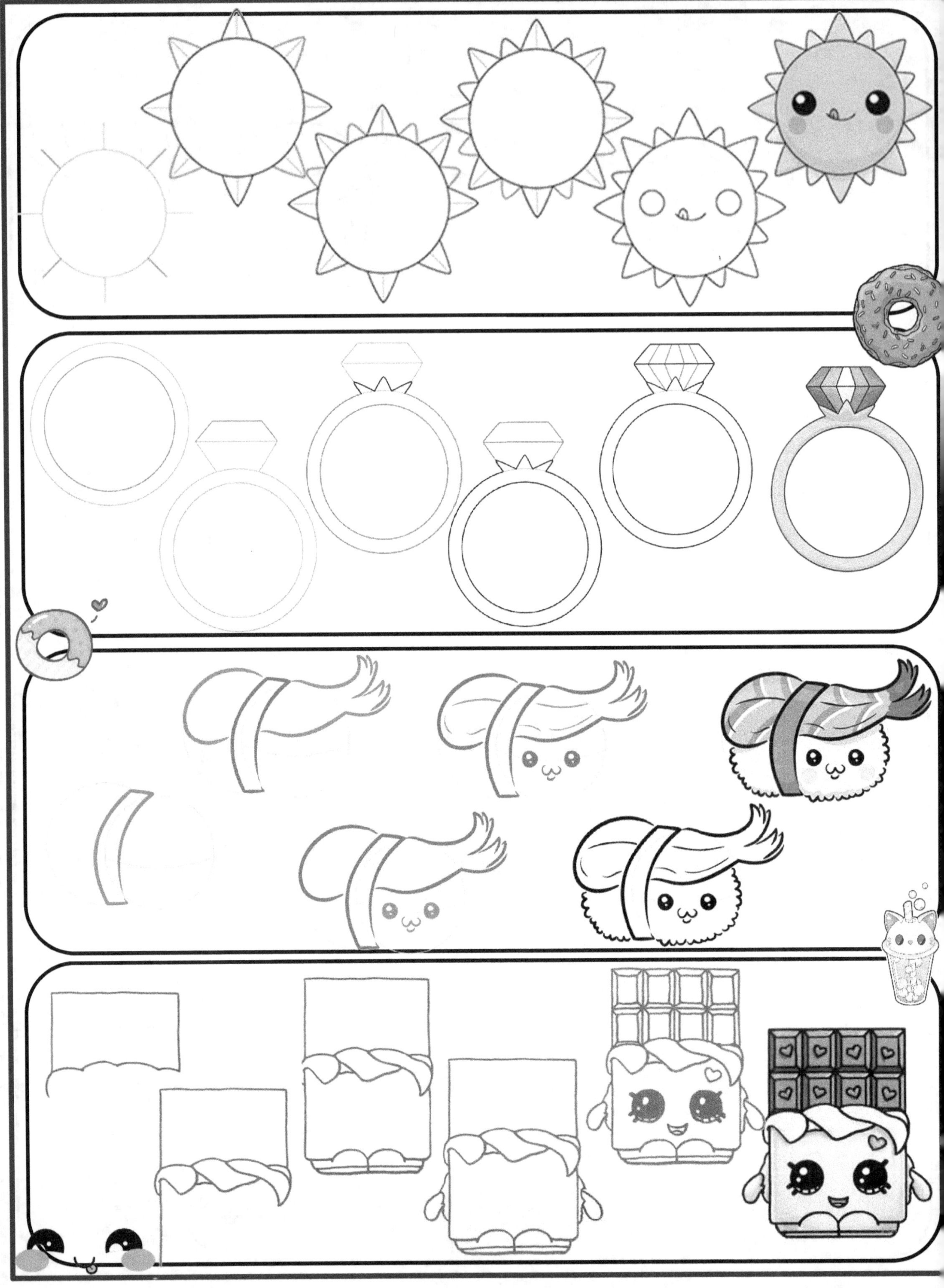

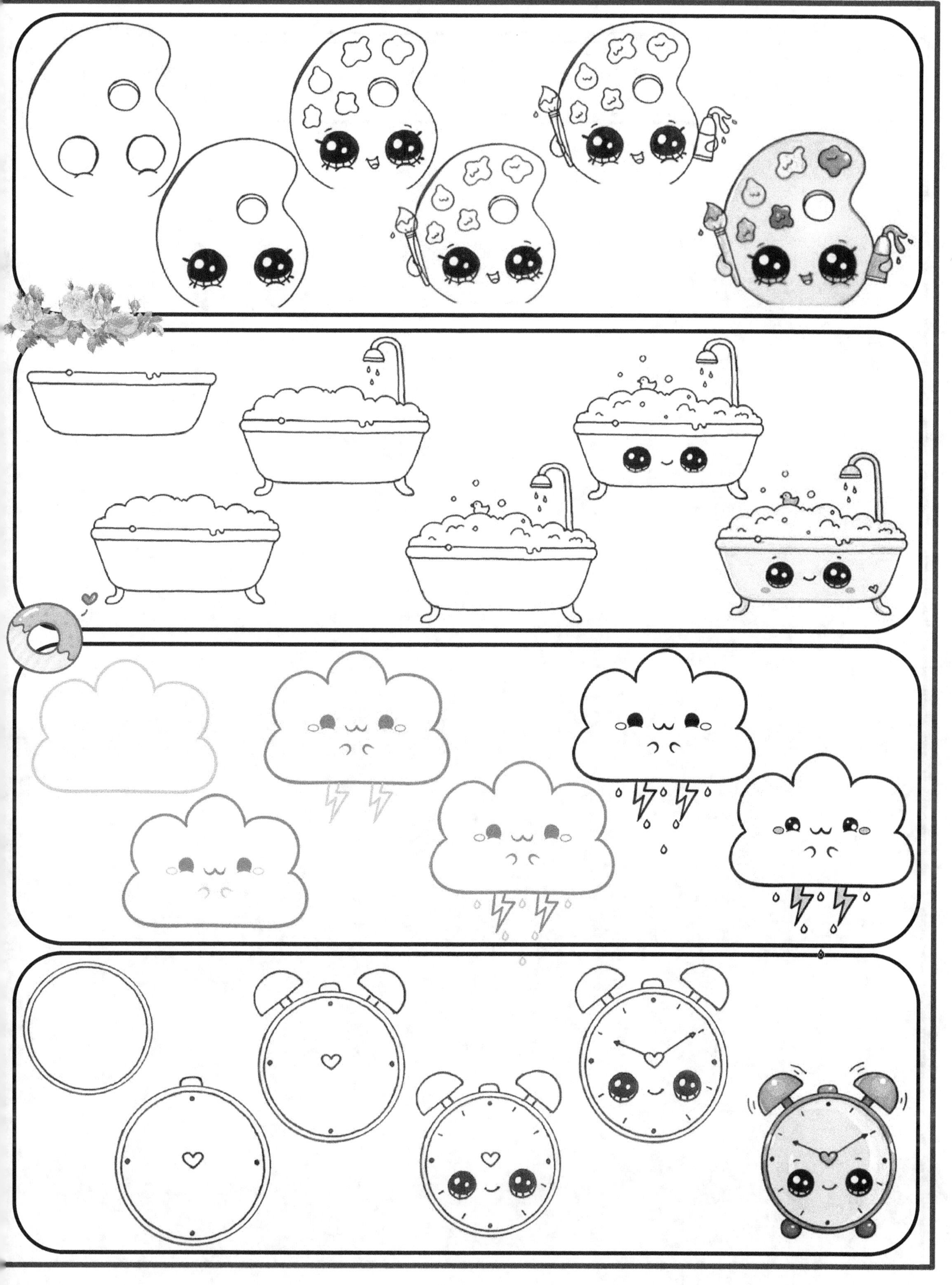

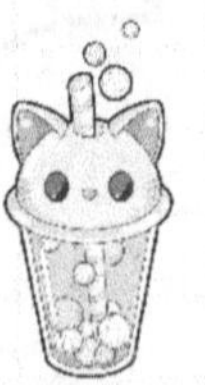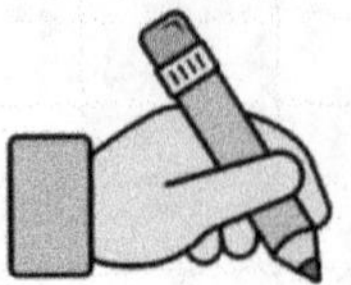

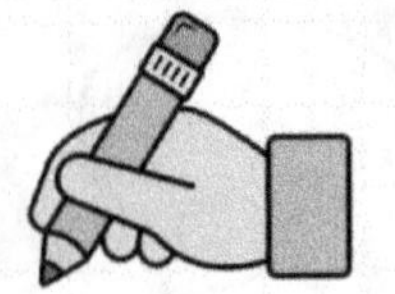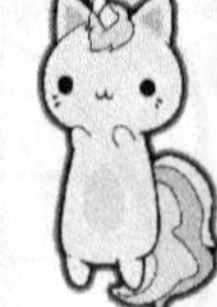

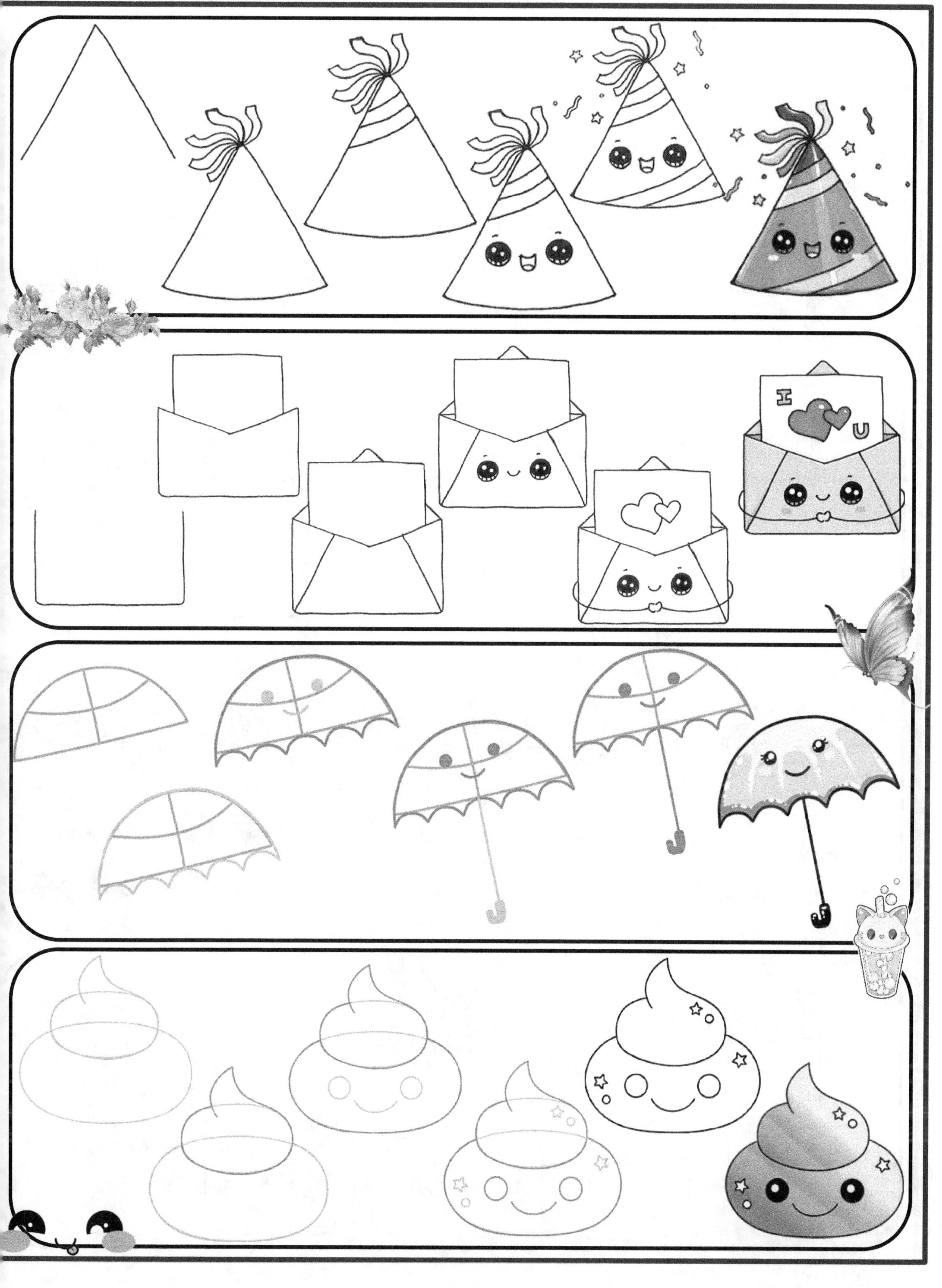

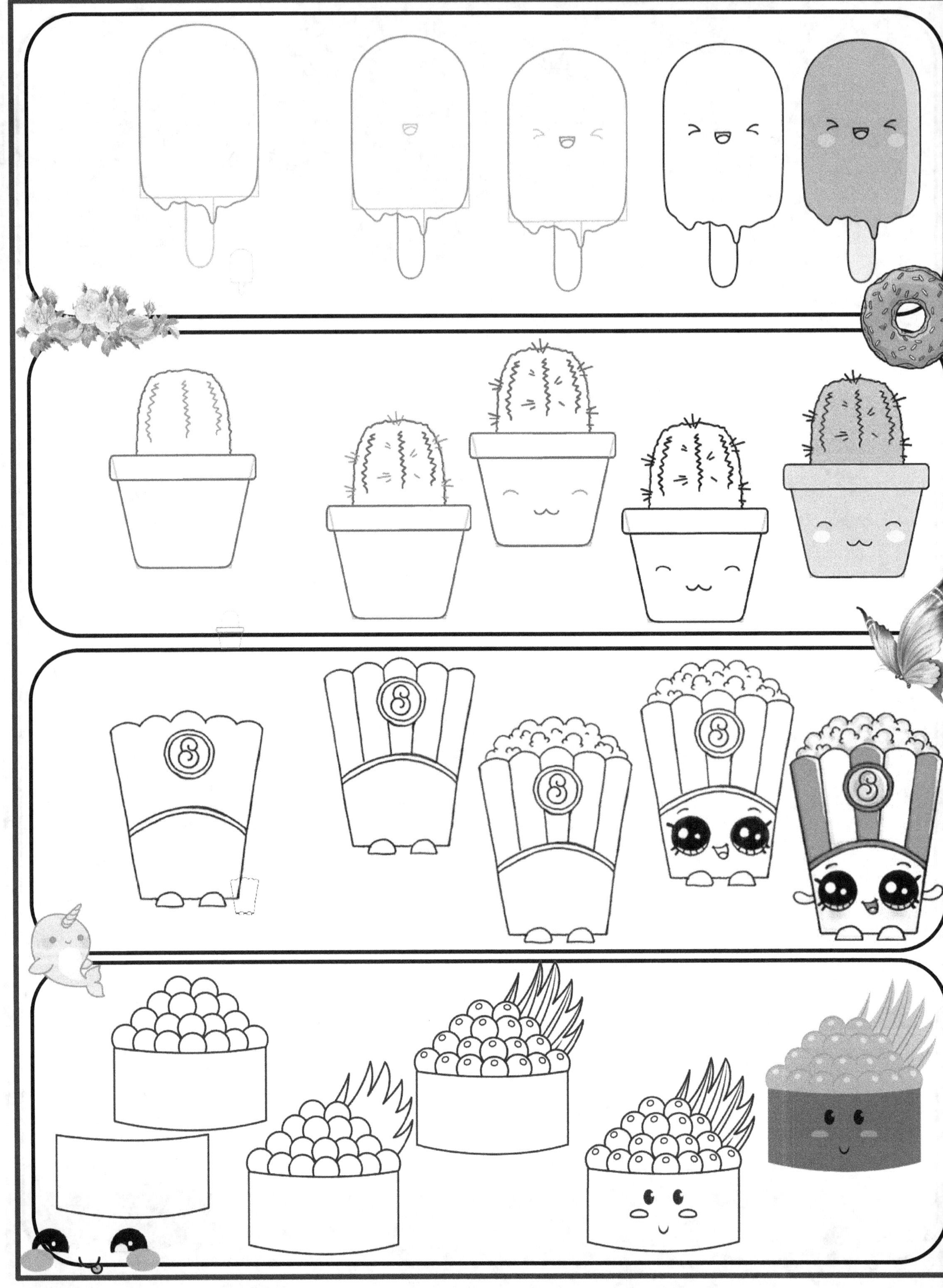

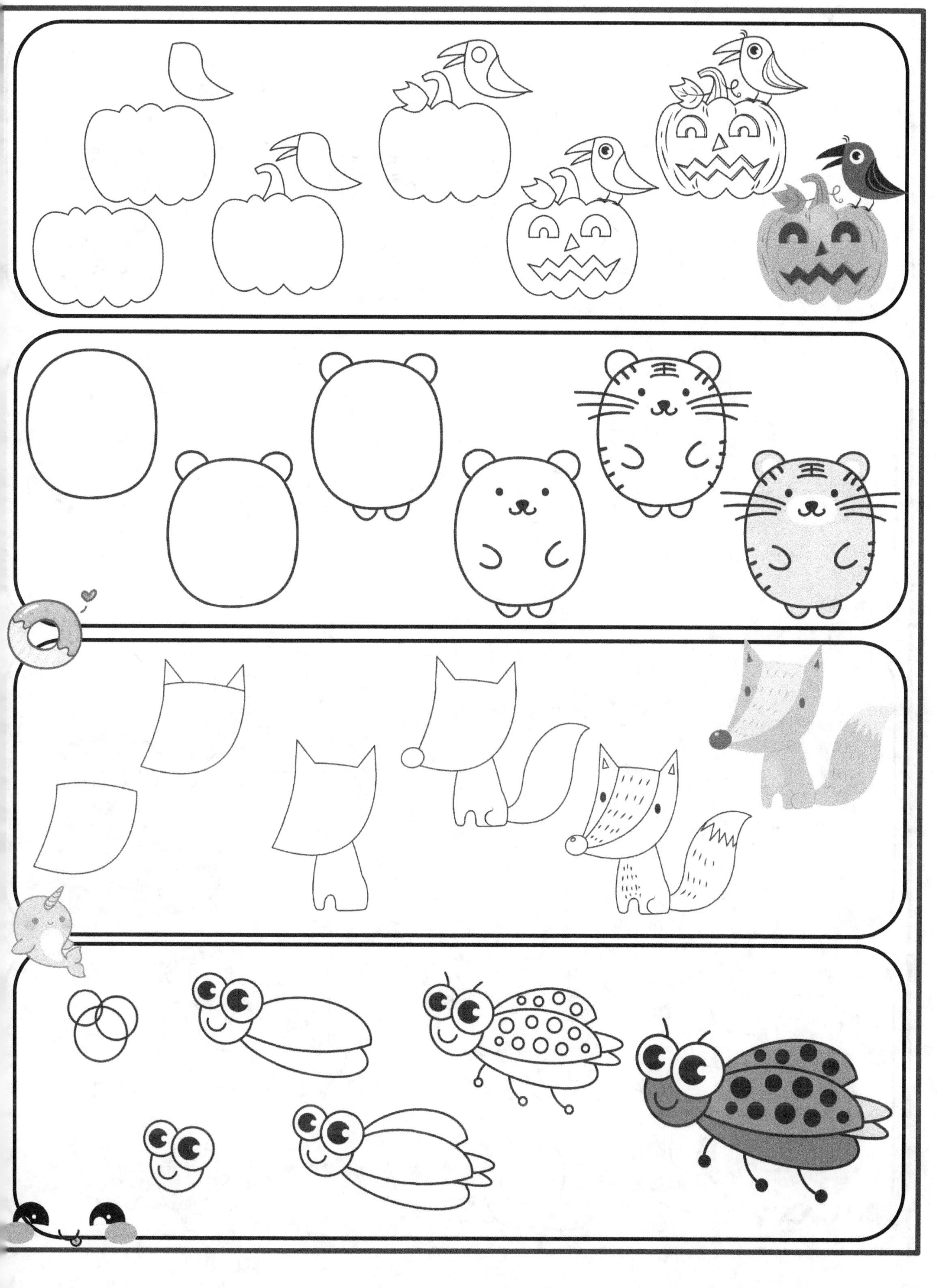

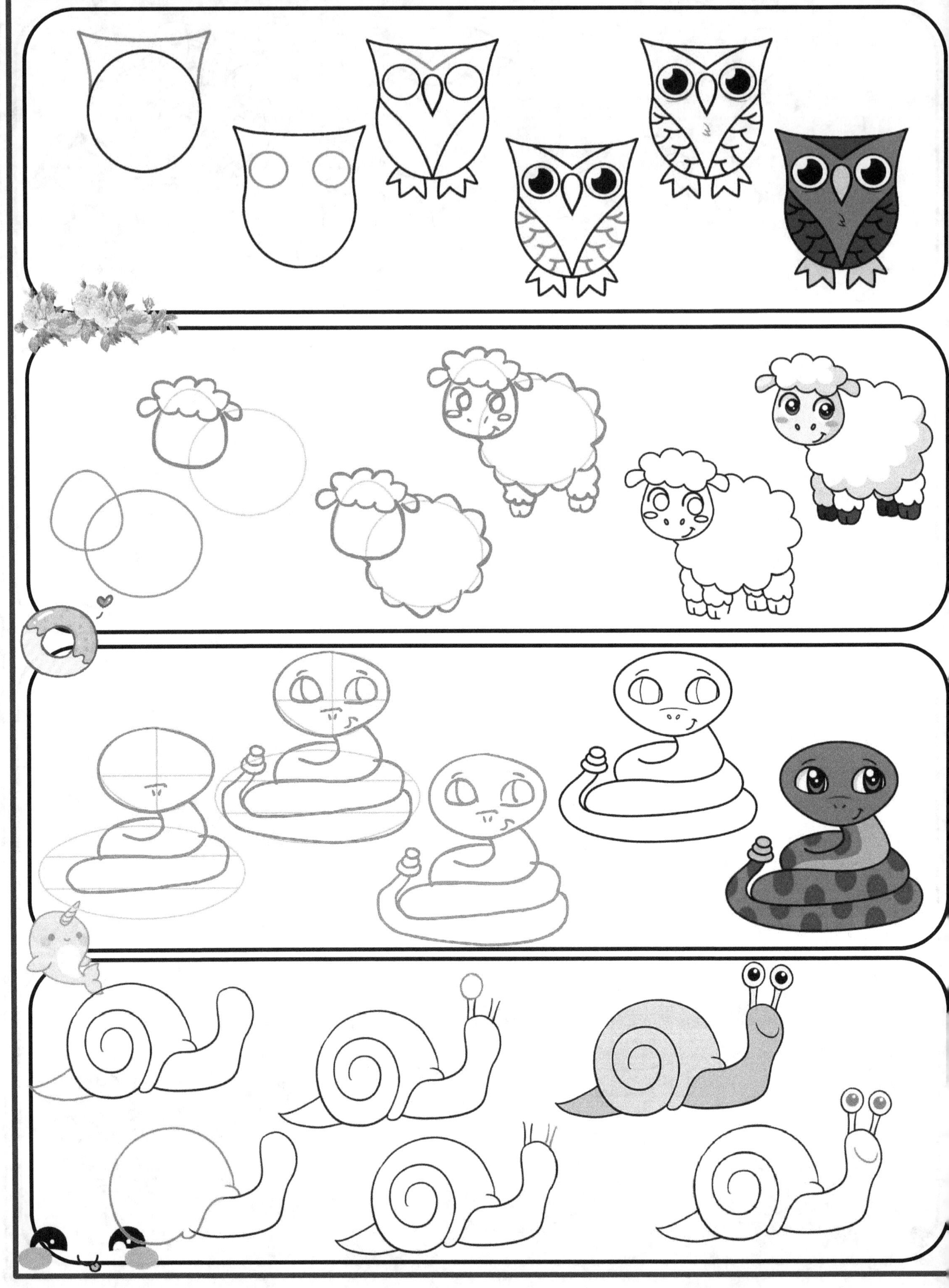

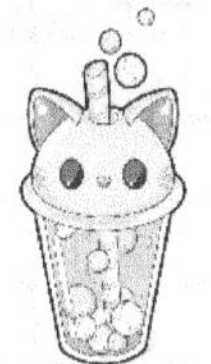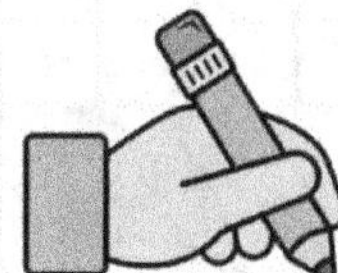

pratique

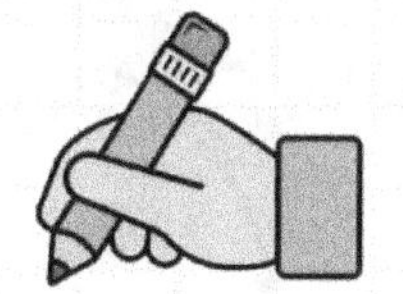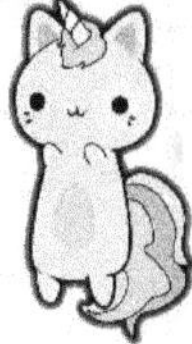

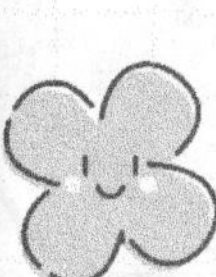

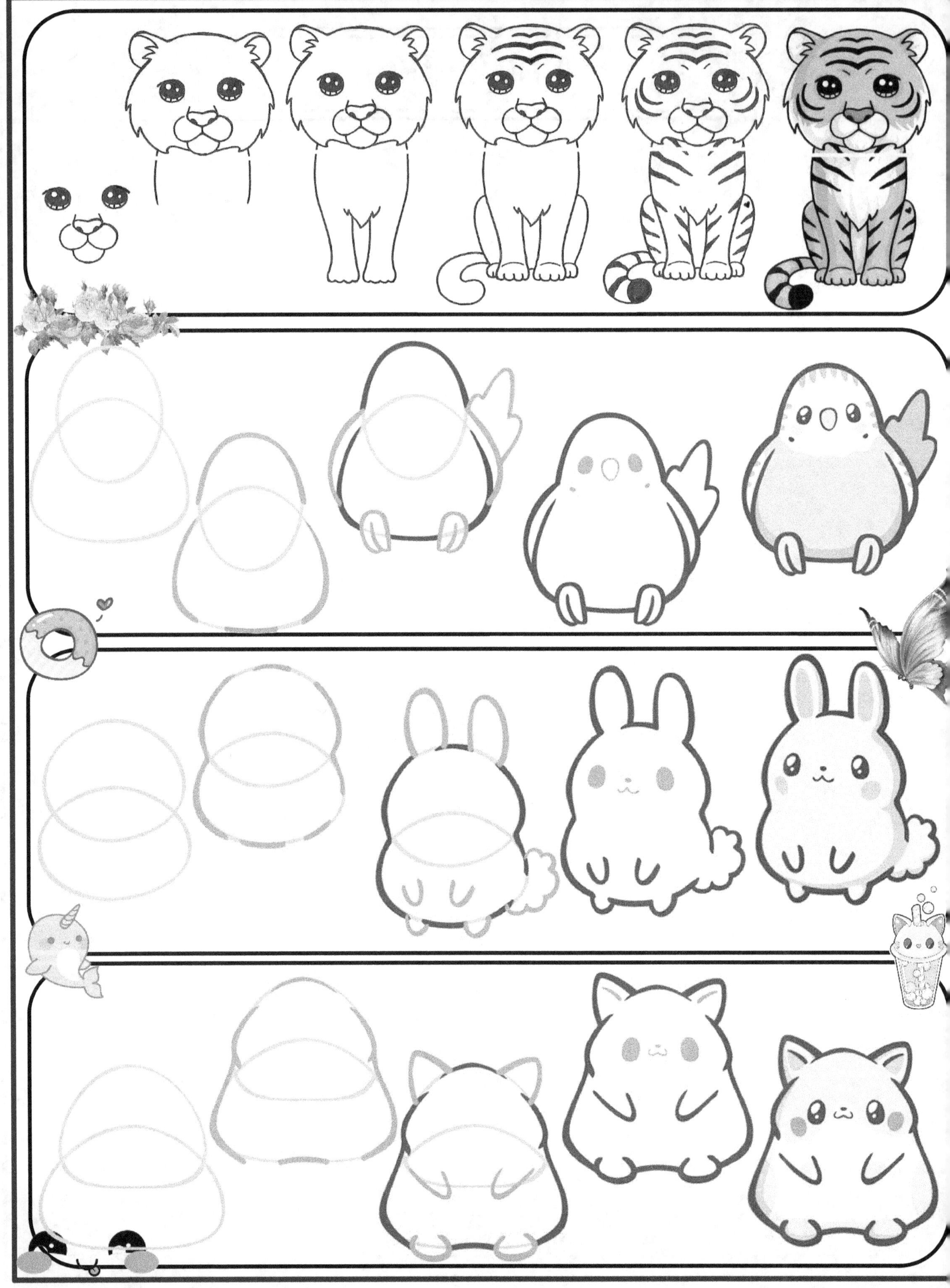

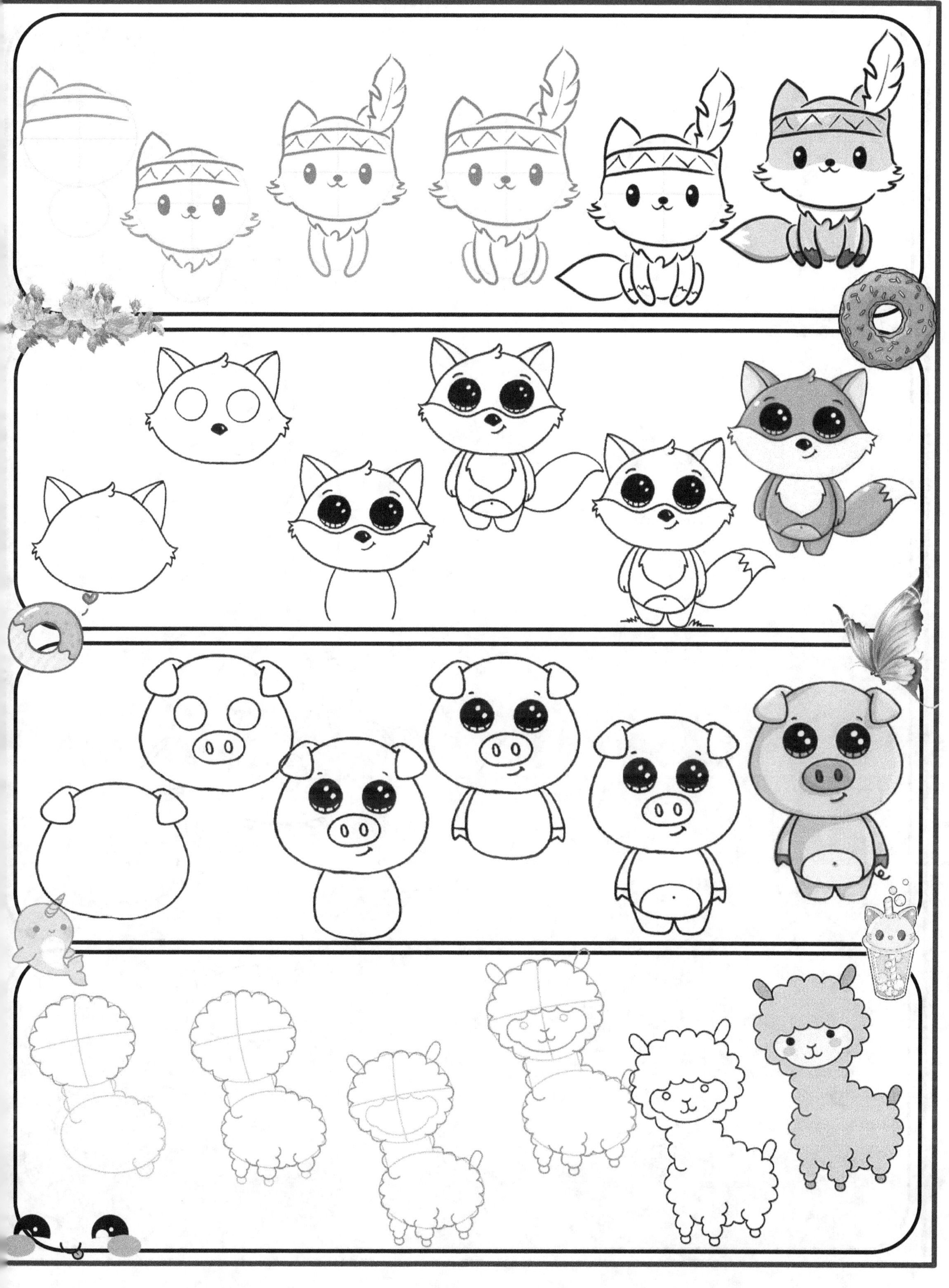

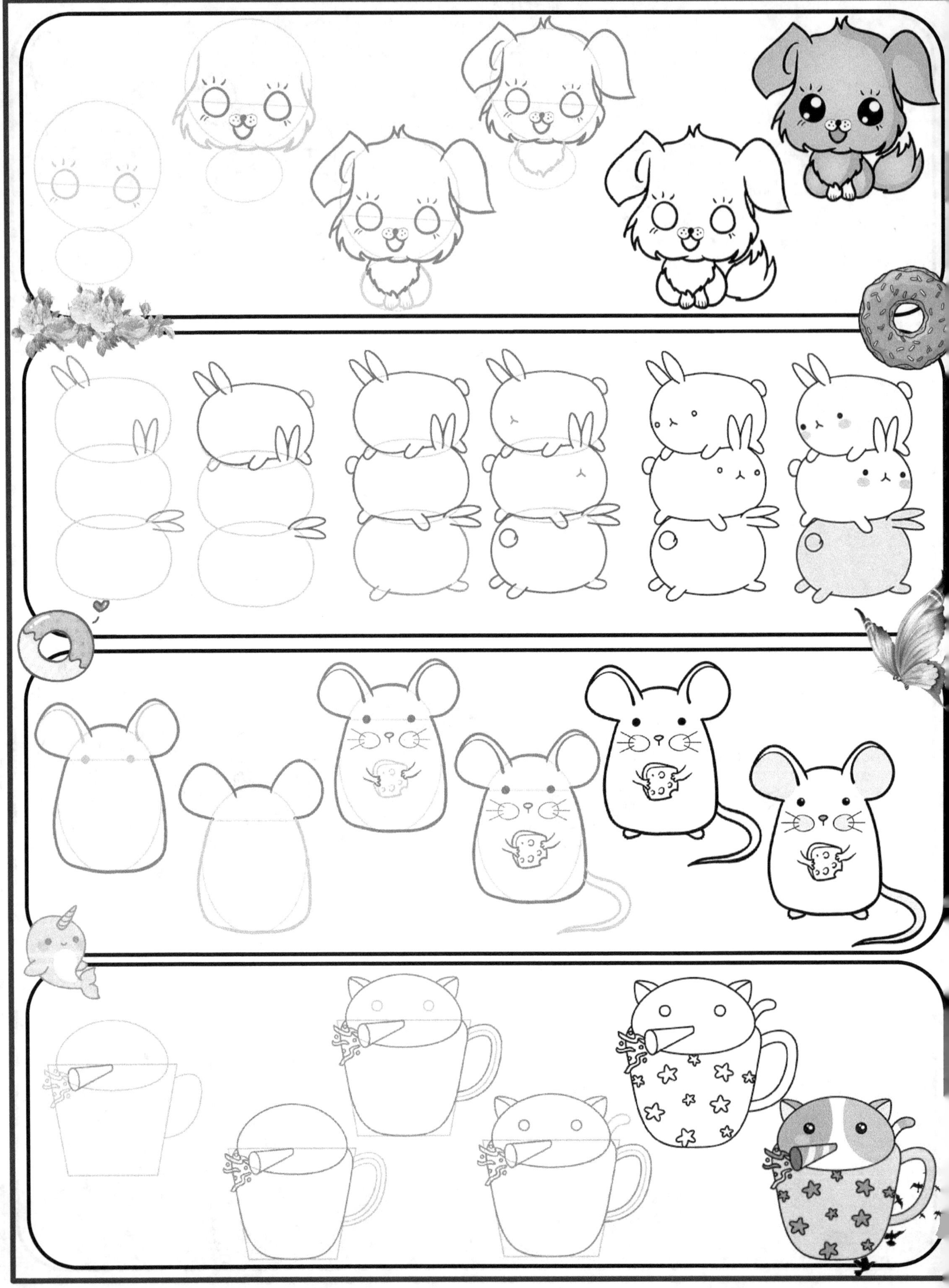

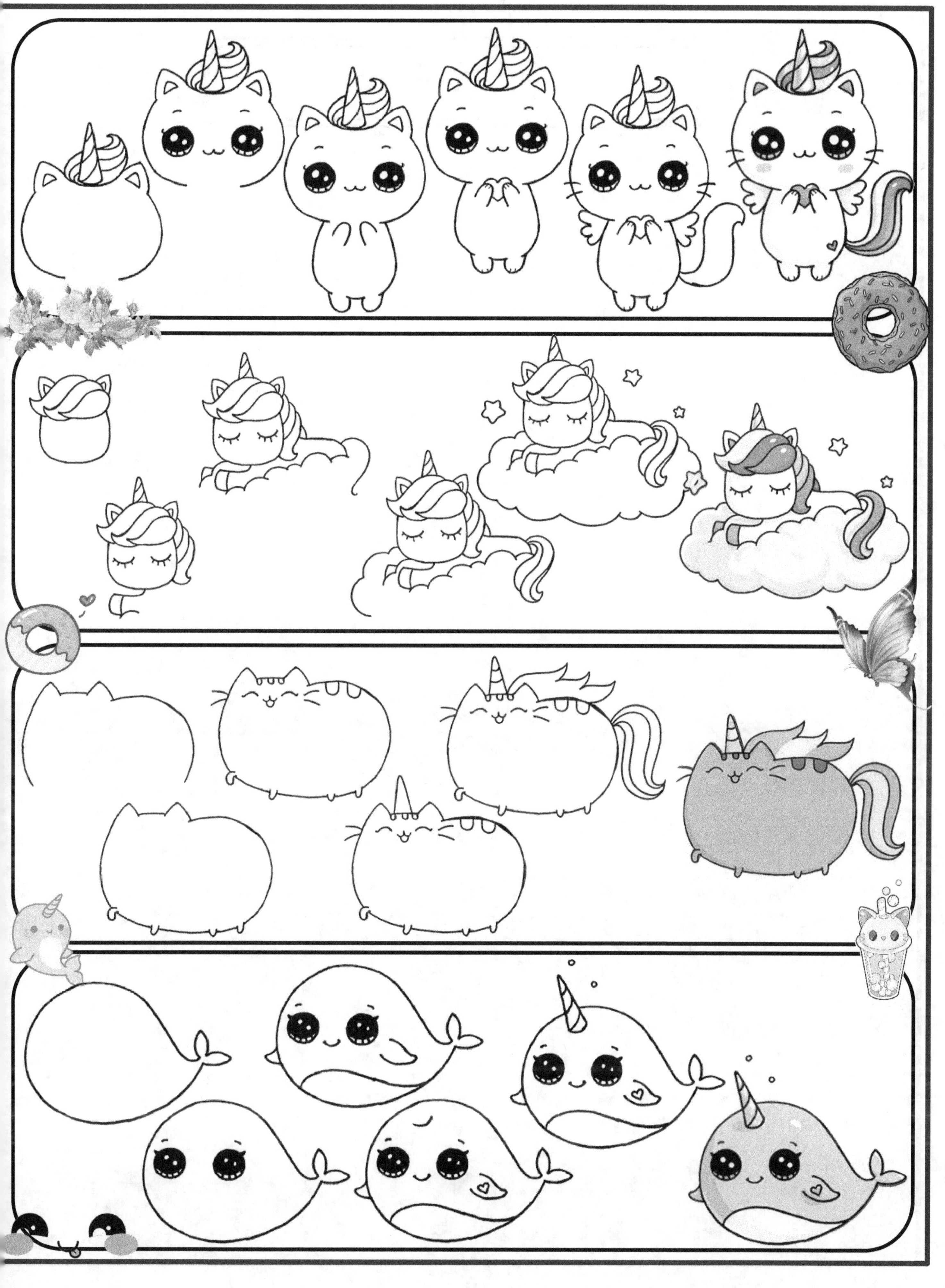

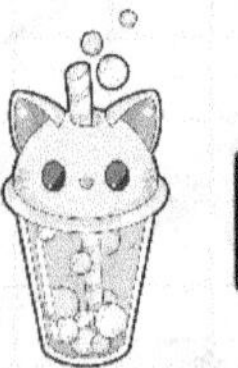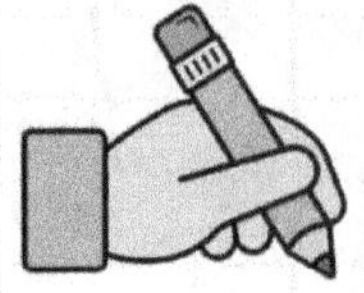

pratique

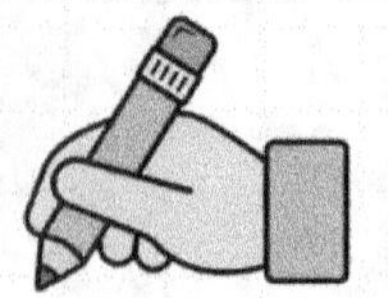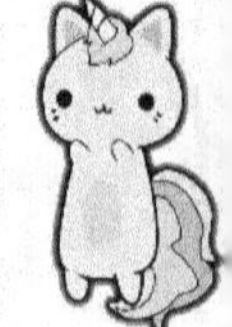

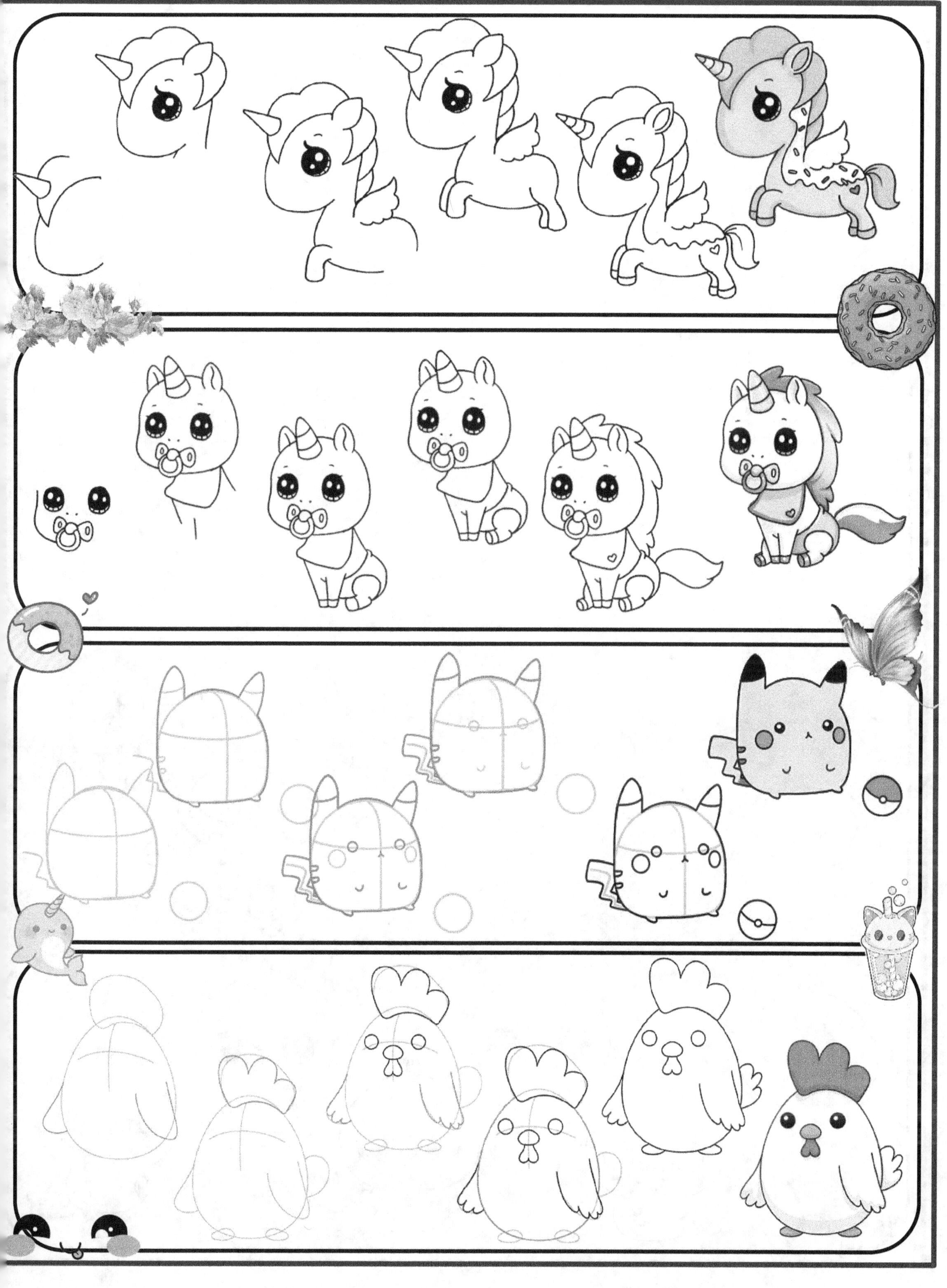

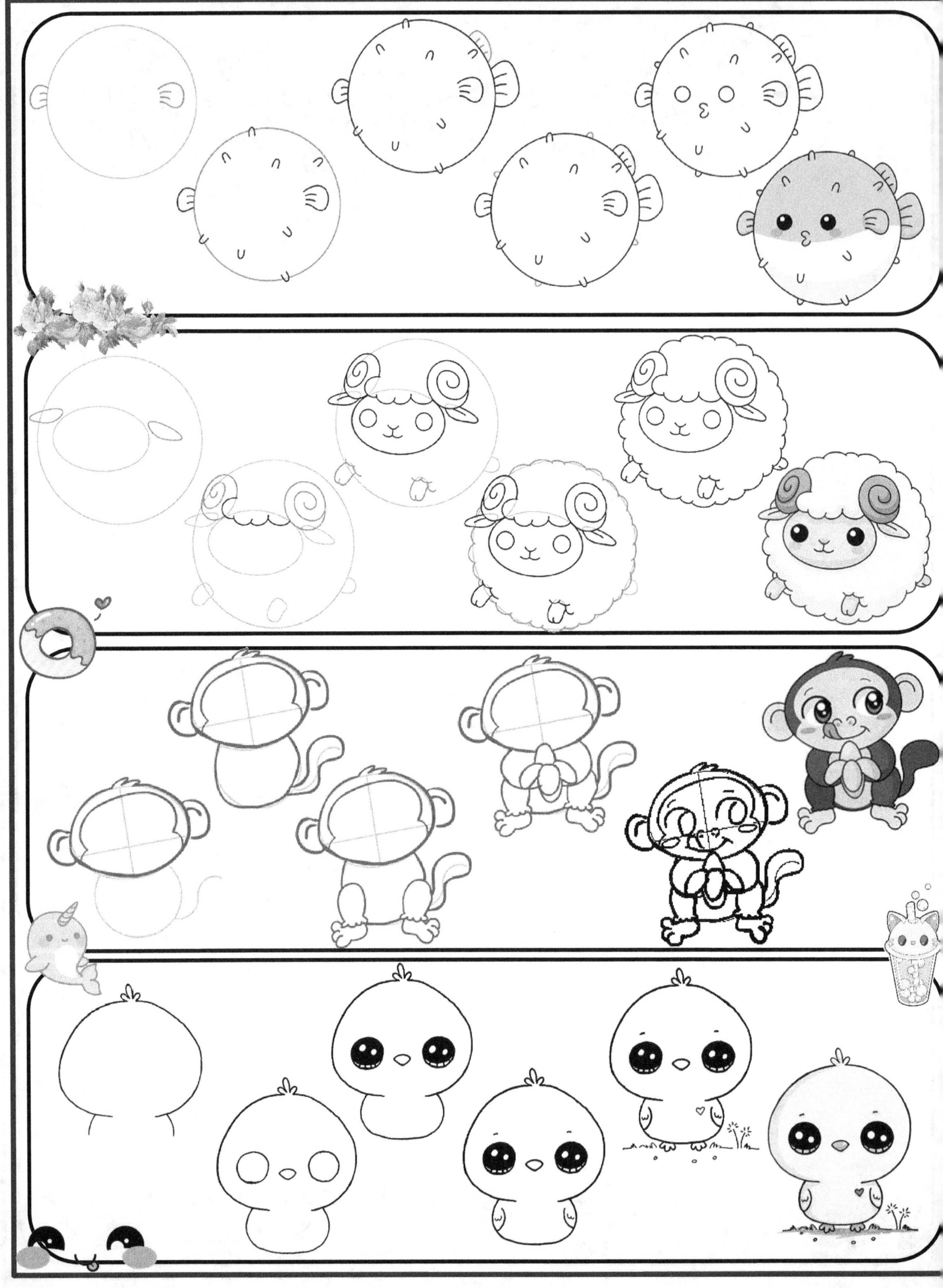

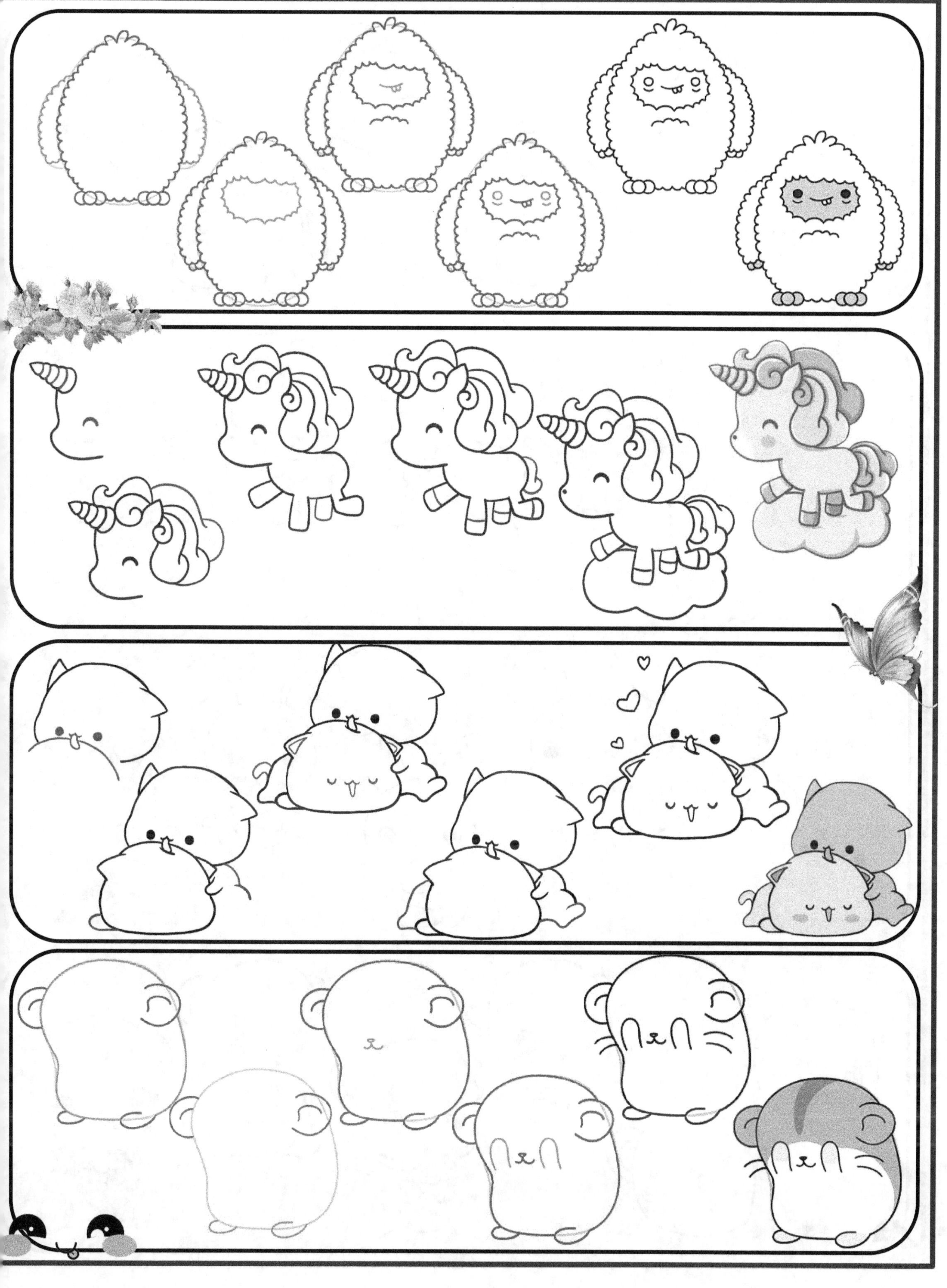

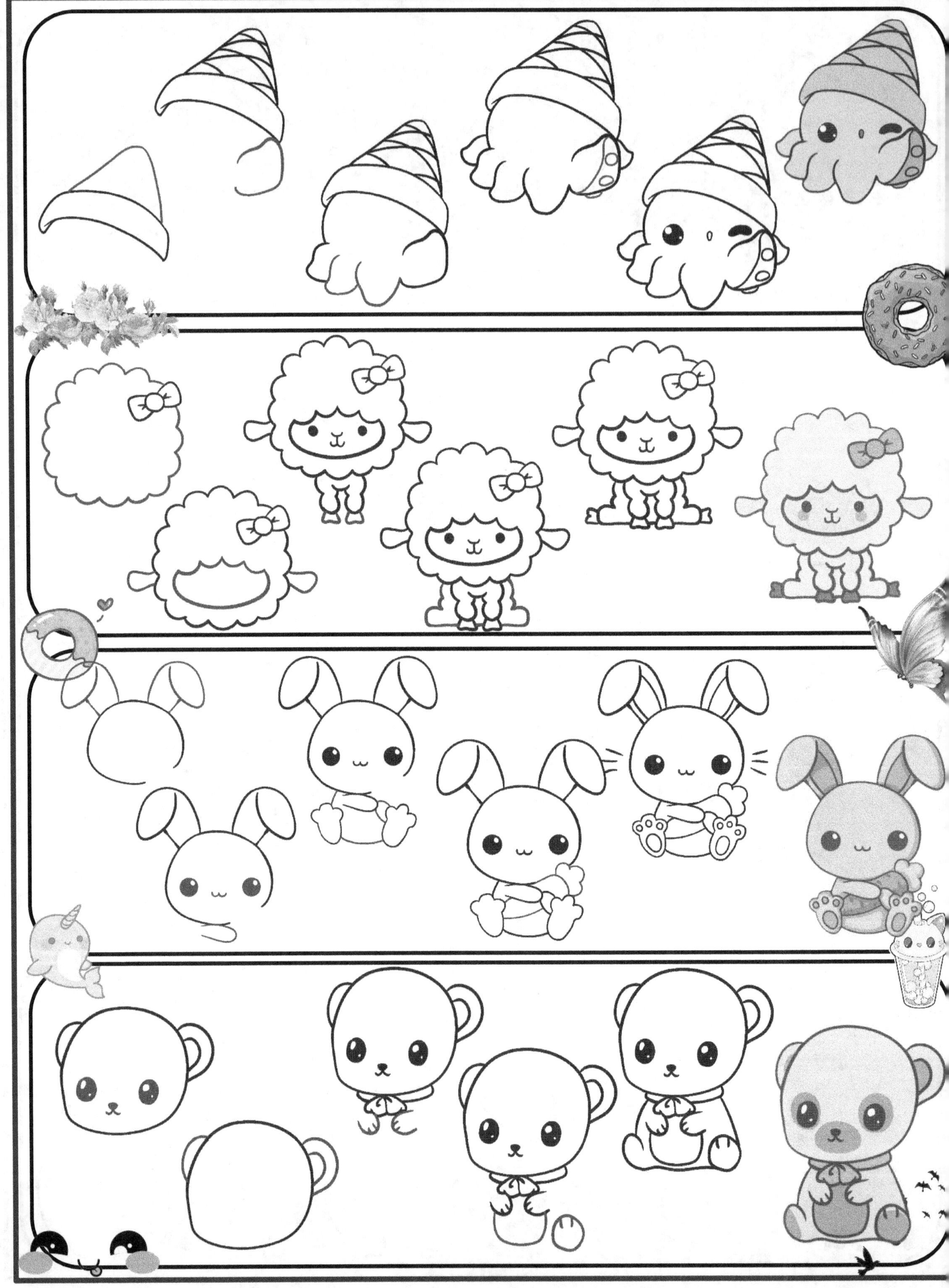

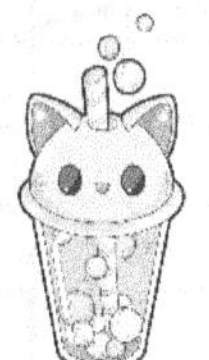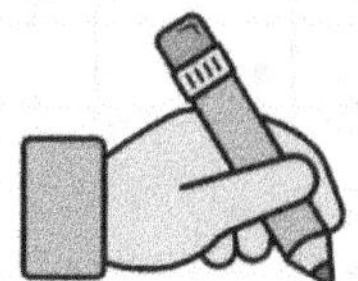

pratique

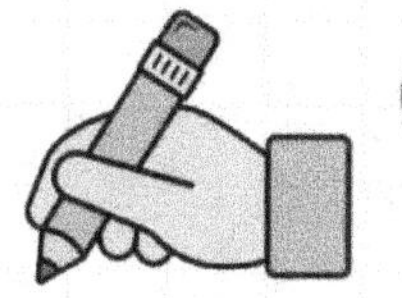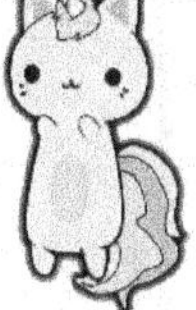

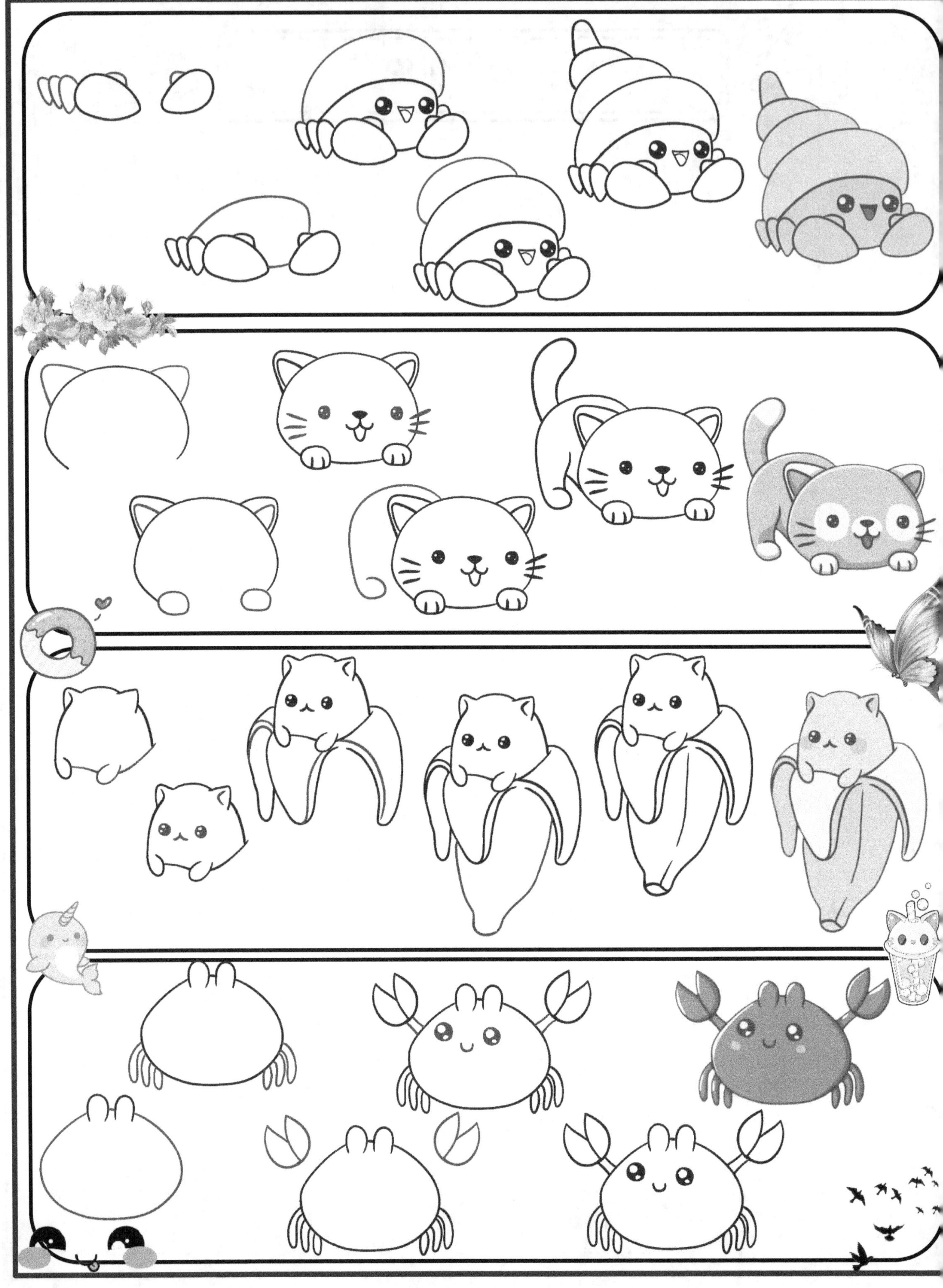

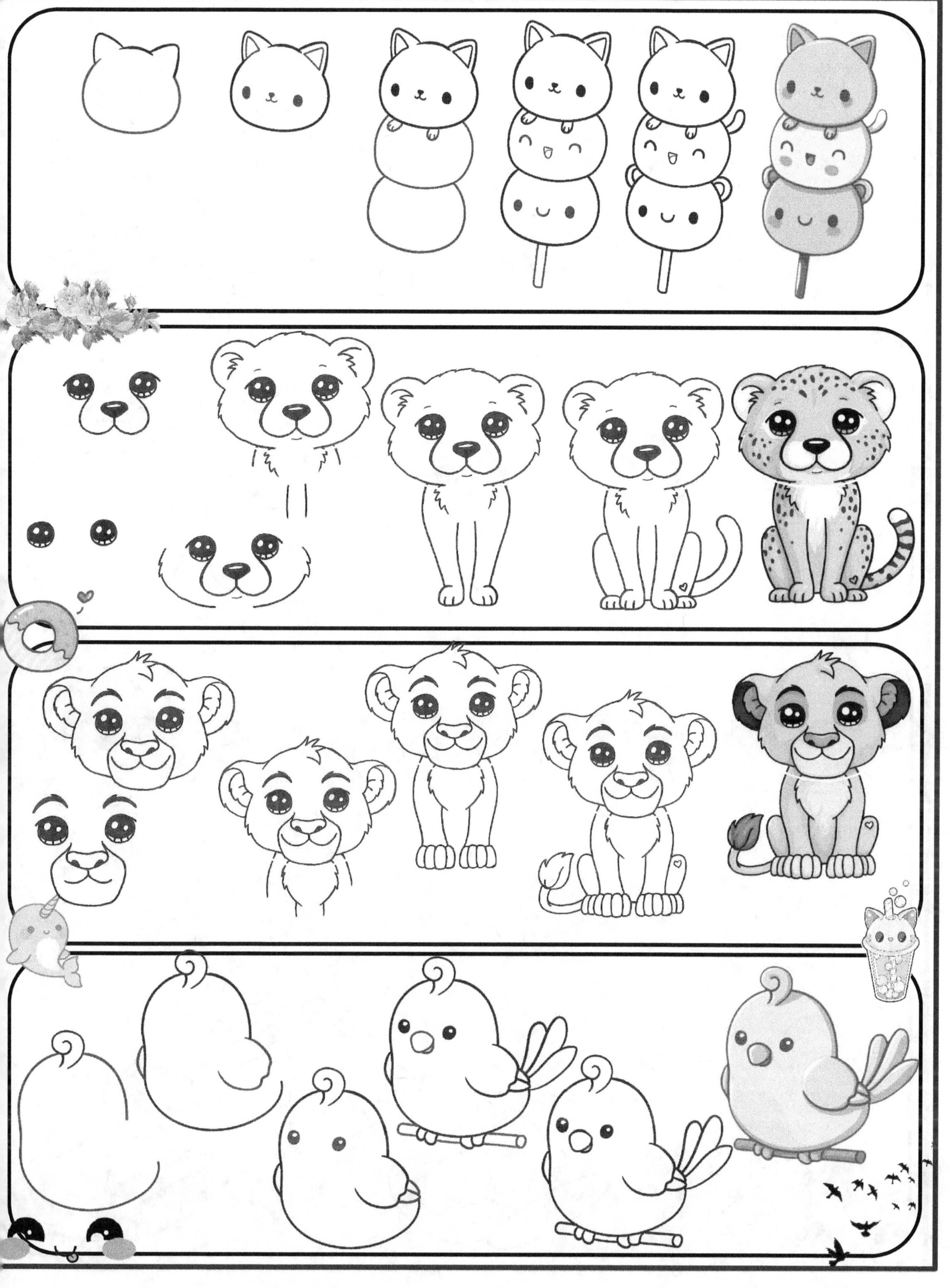

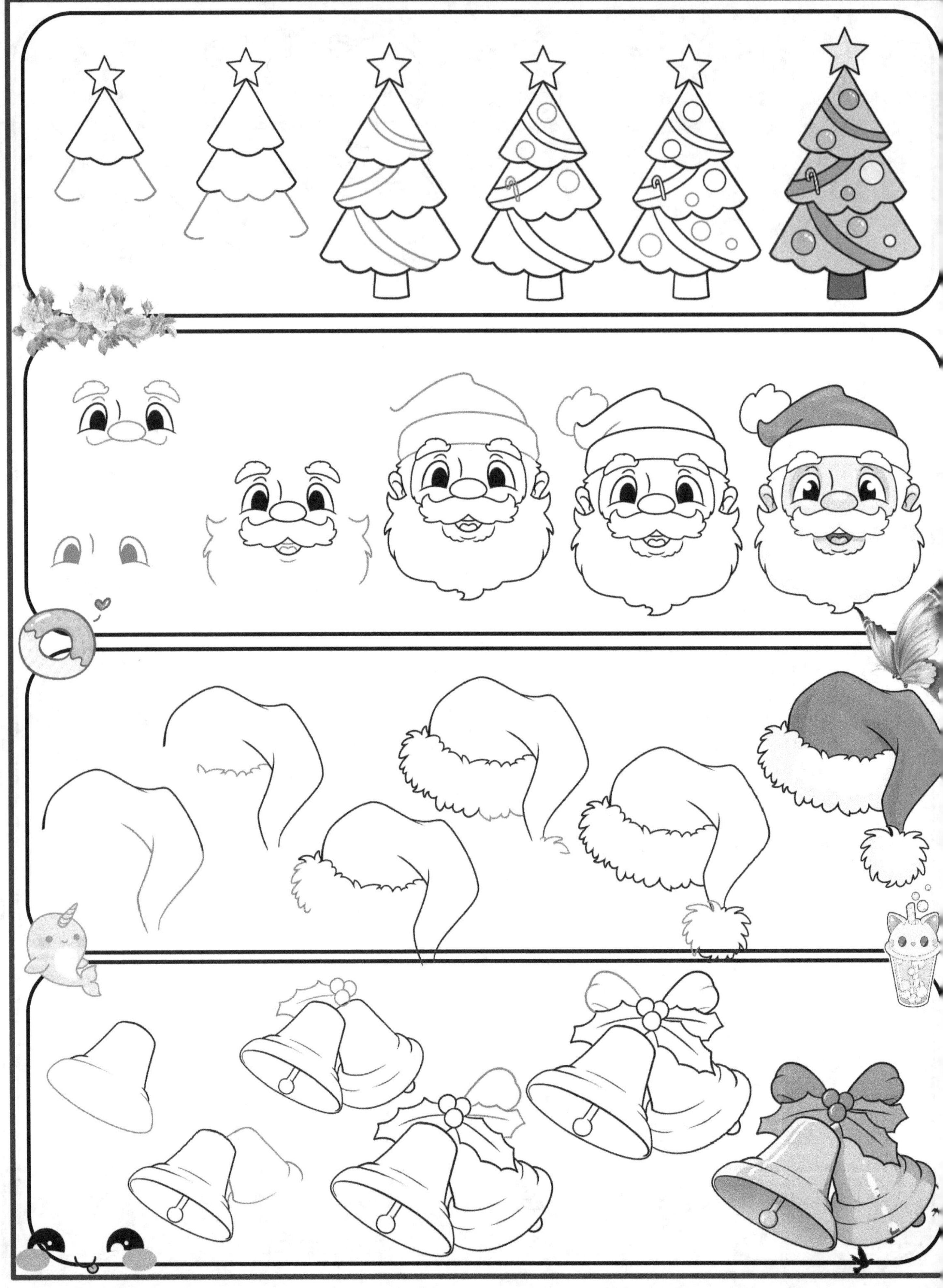

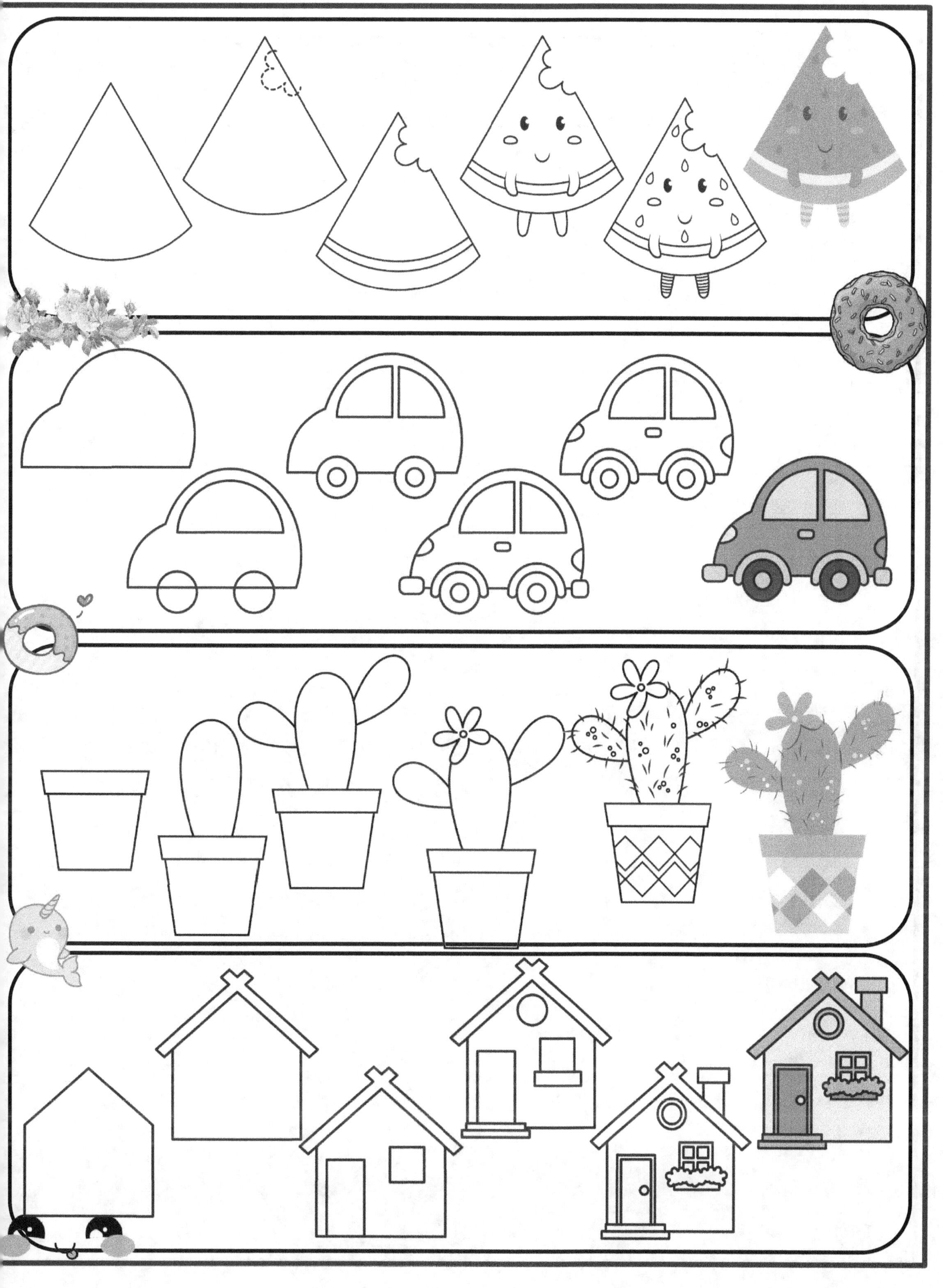

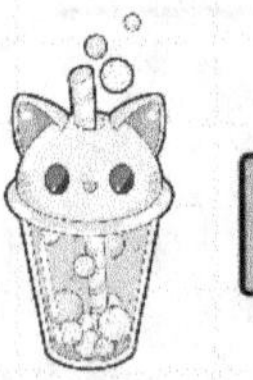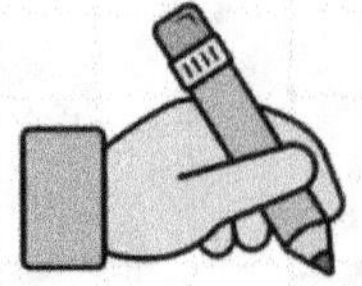

pratique

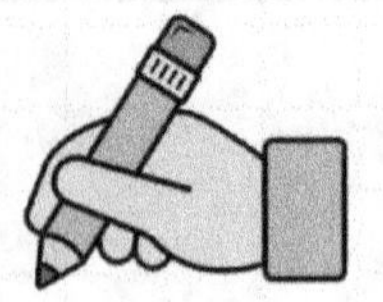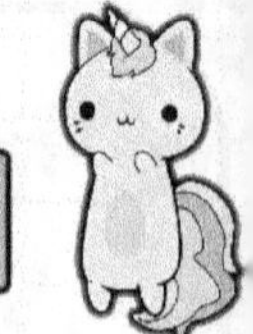

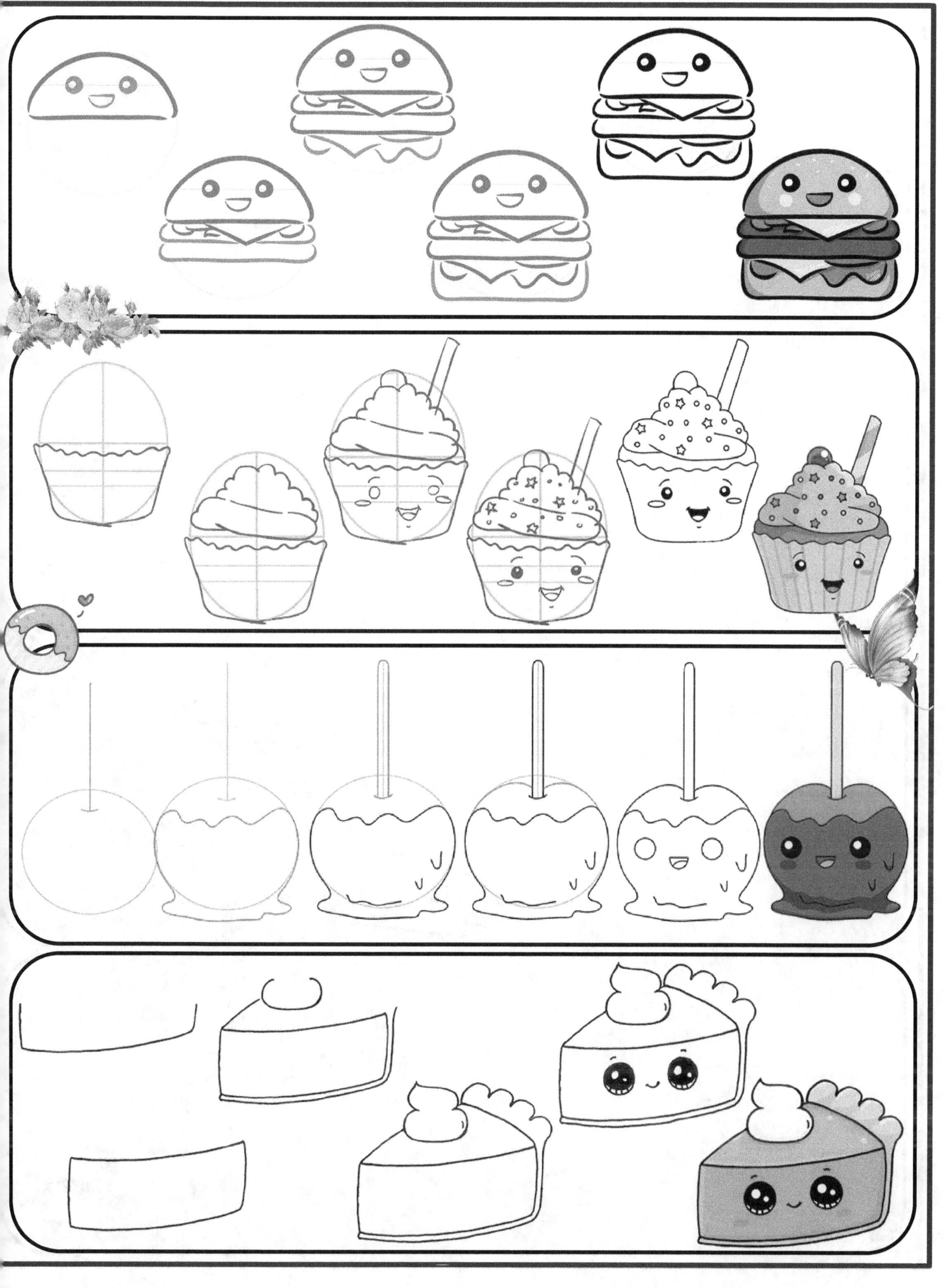

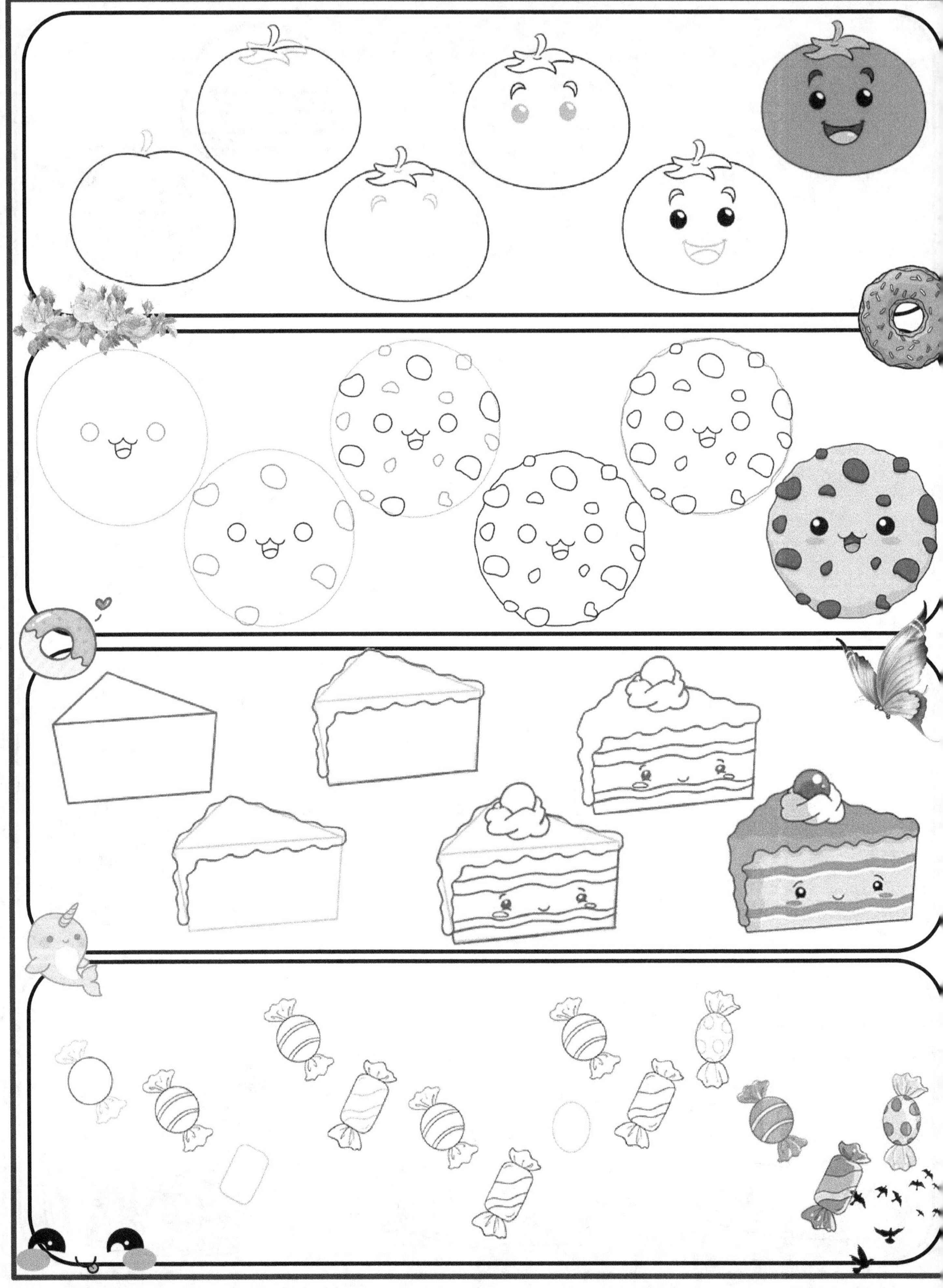

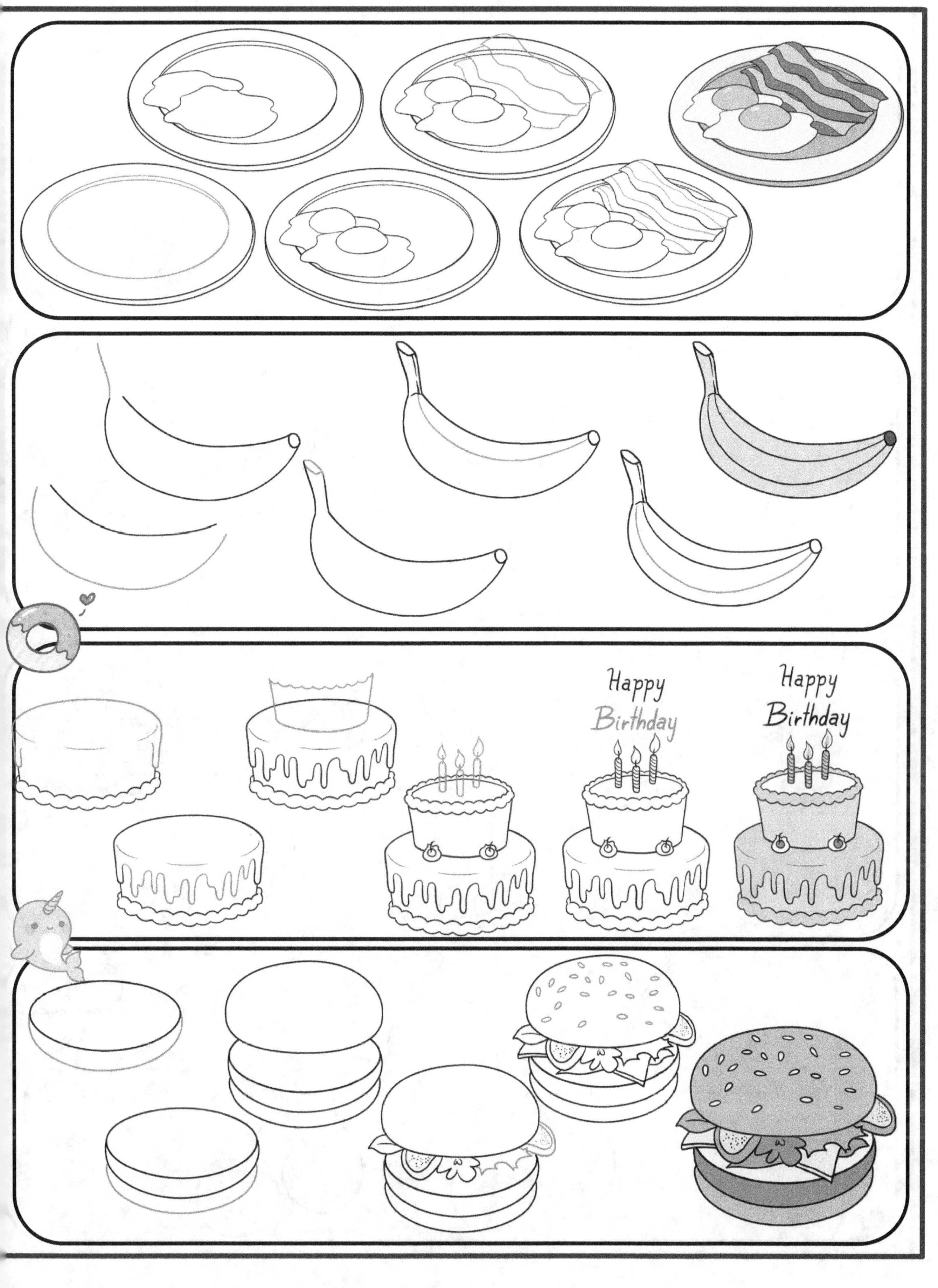

Happy
Birthday
Happy
Birthday

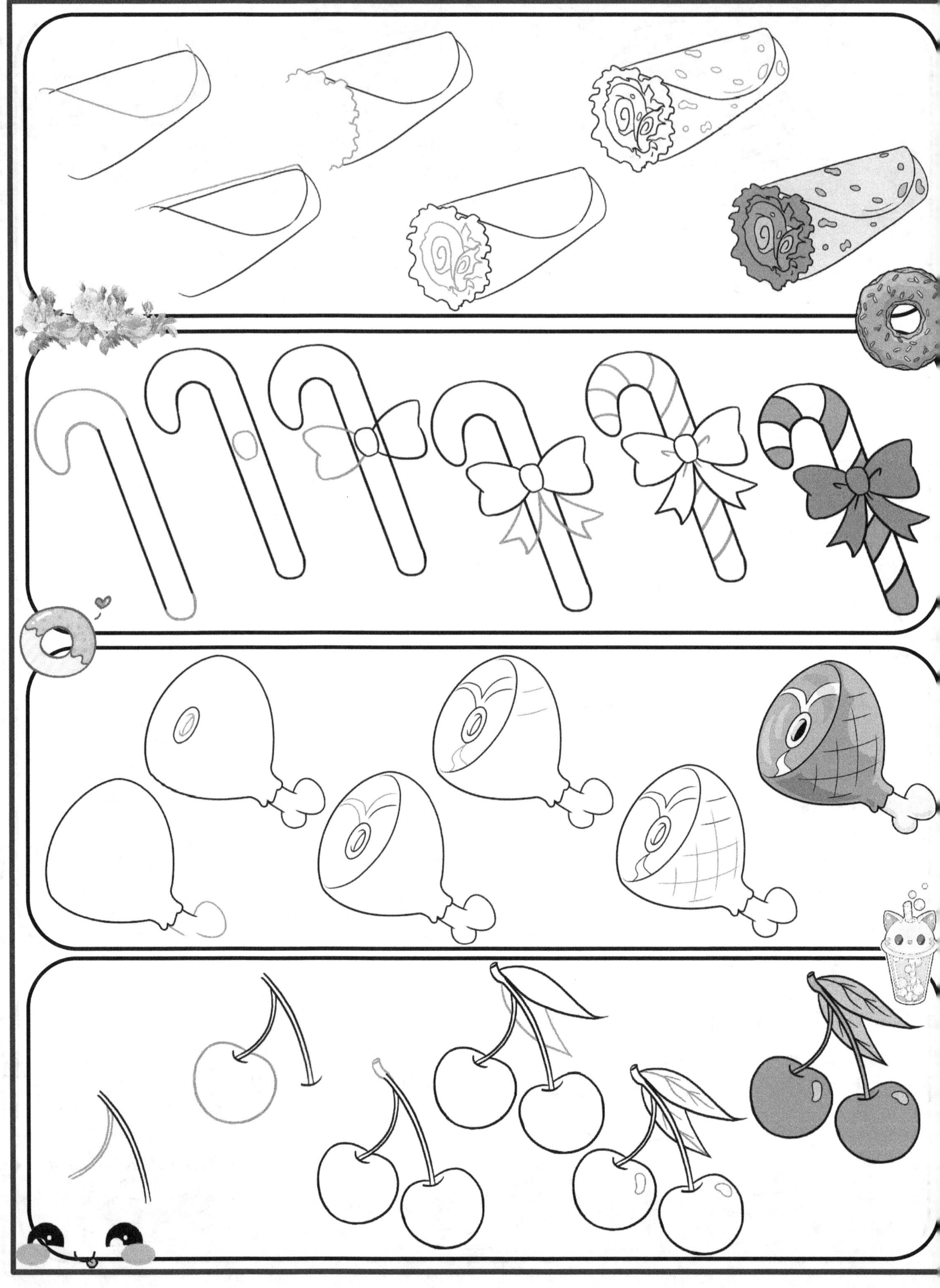

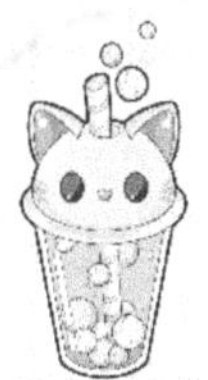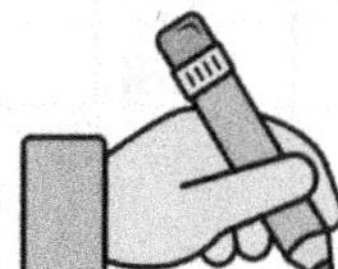

pratique

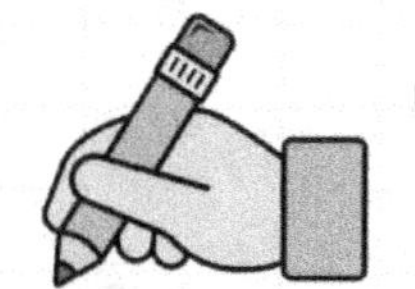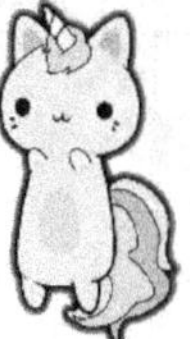

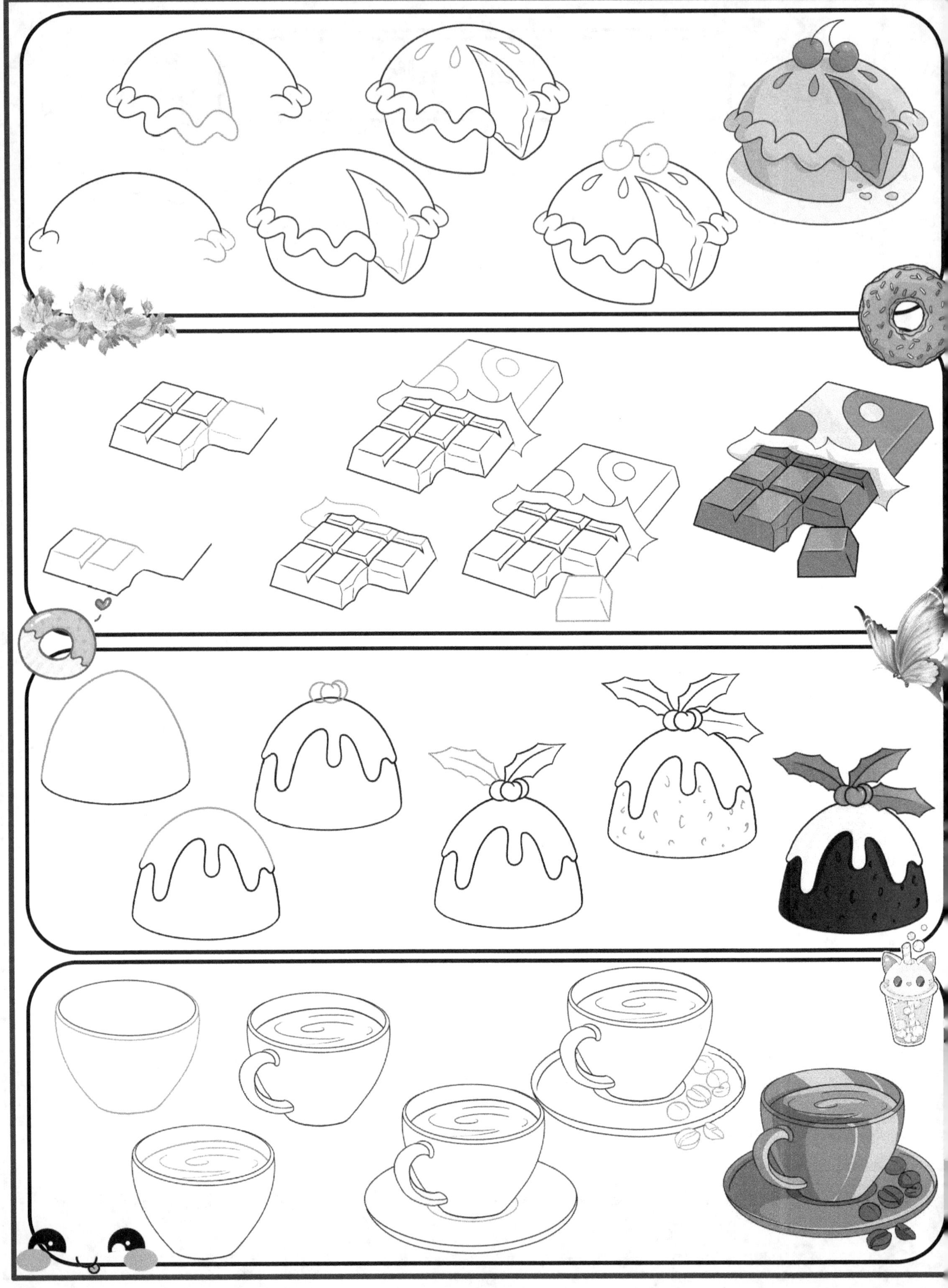

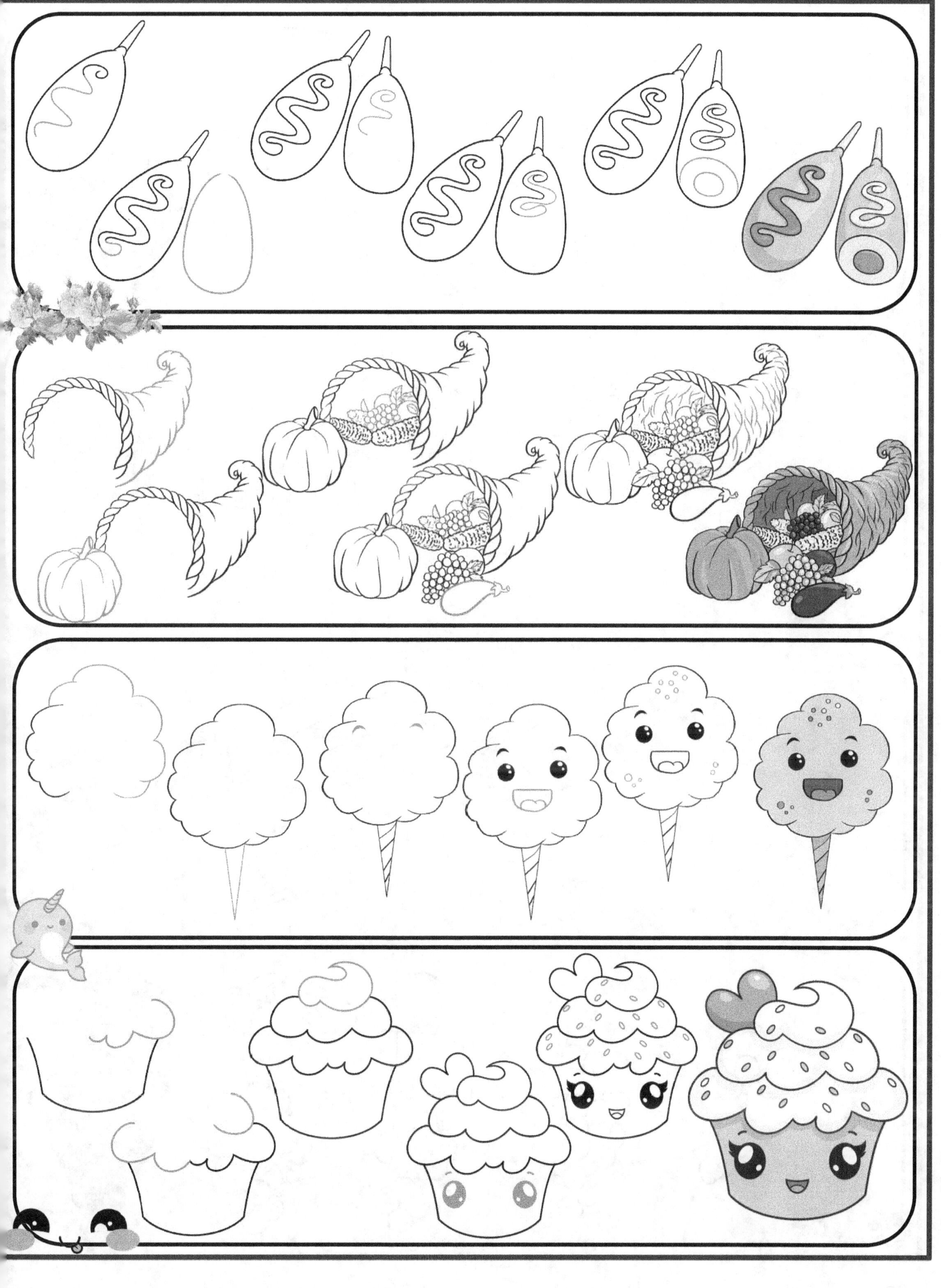

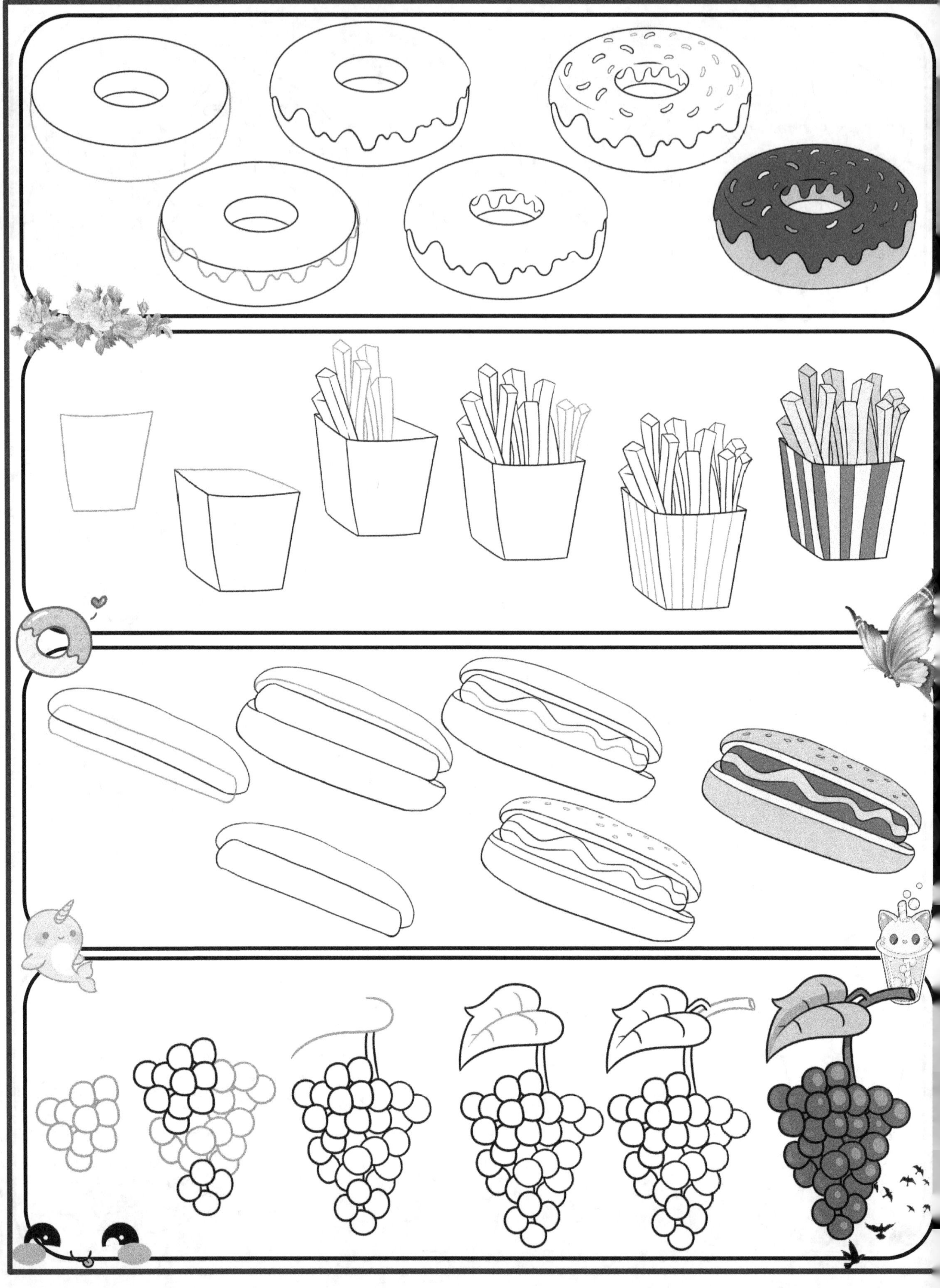

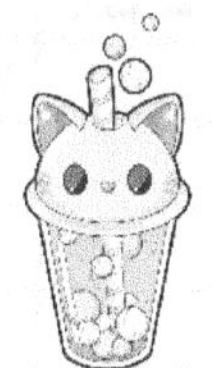 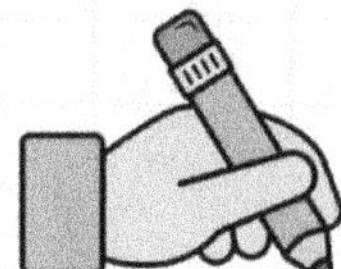

pratique

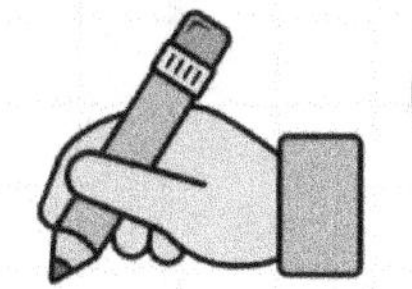 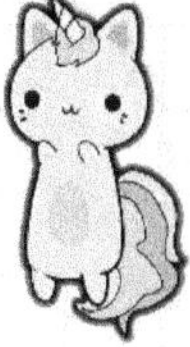

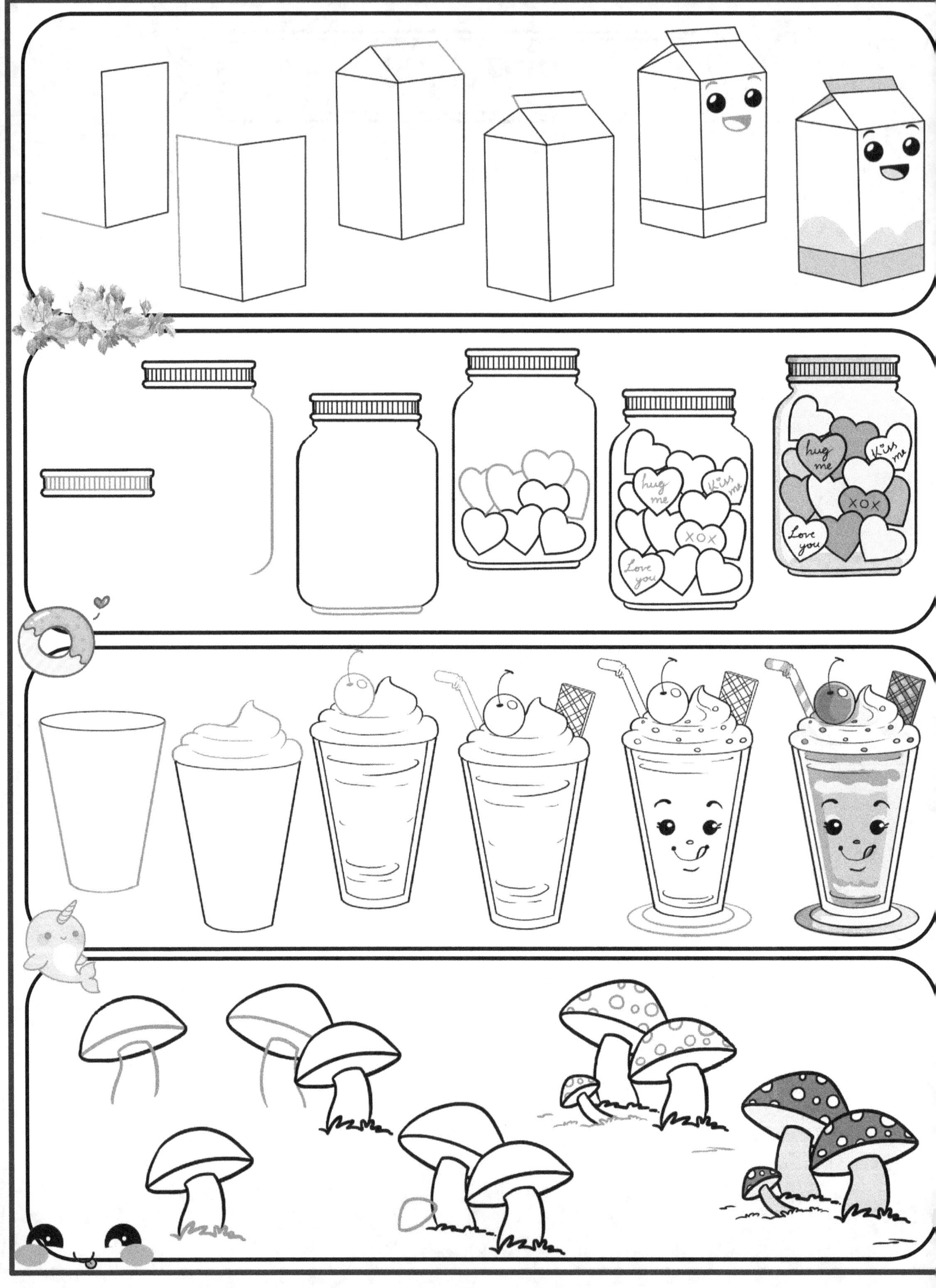

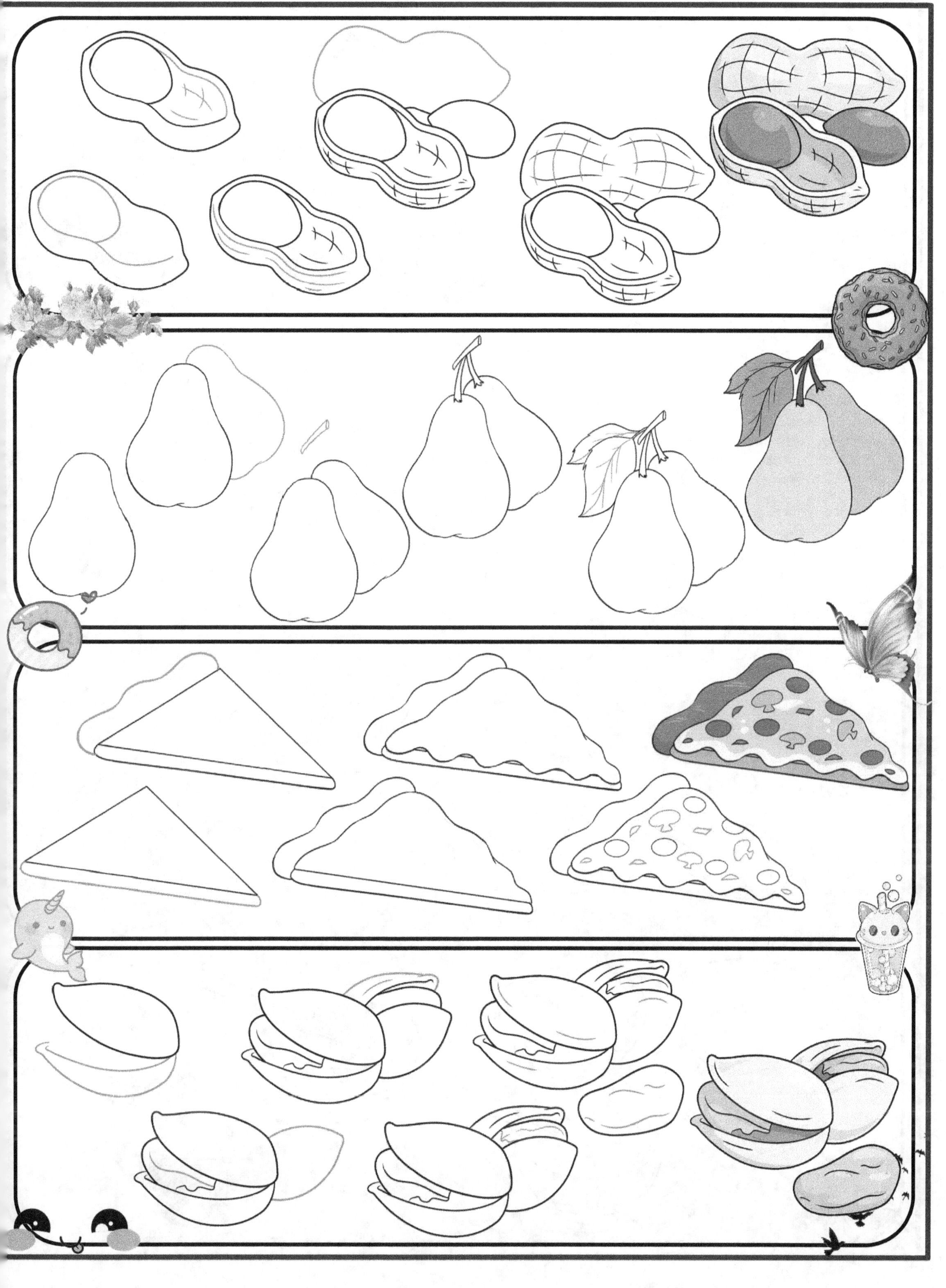

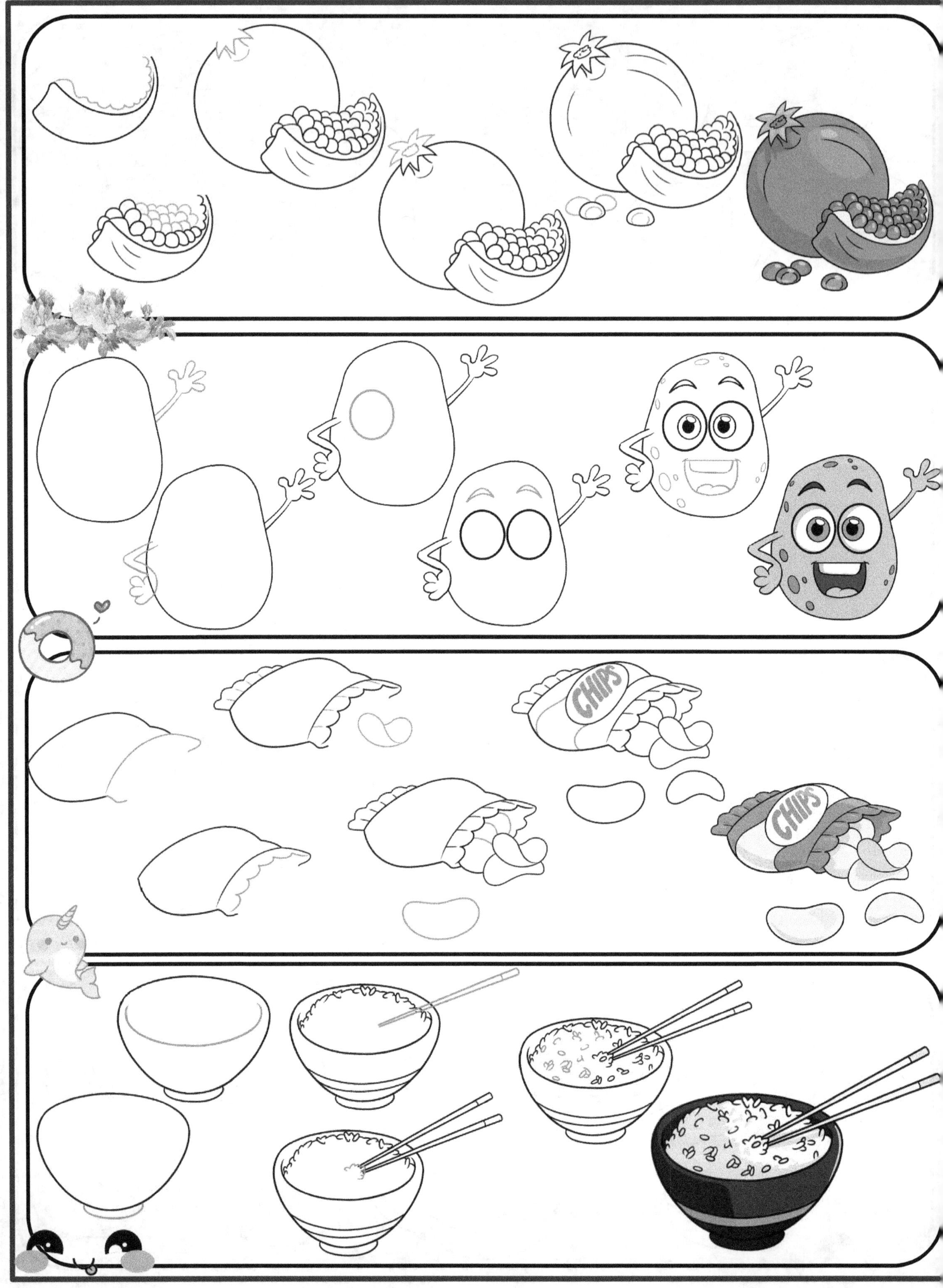
CHIPS
CHIPS

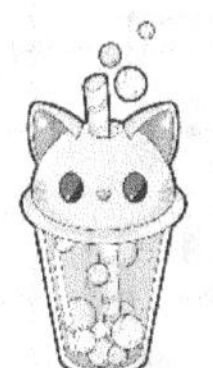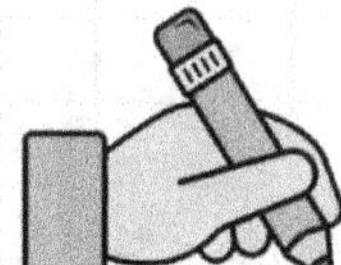

pratique

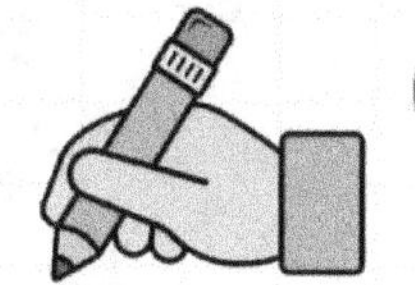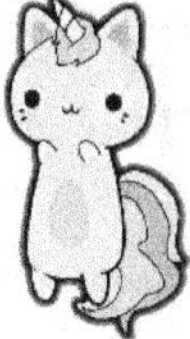

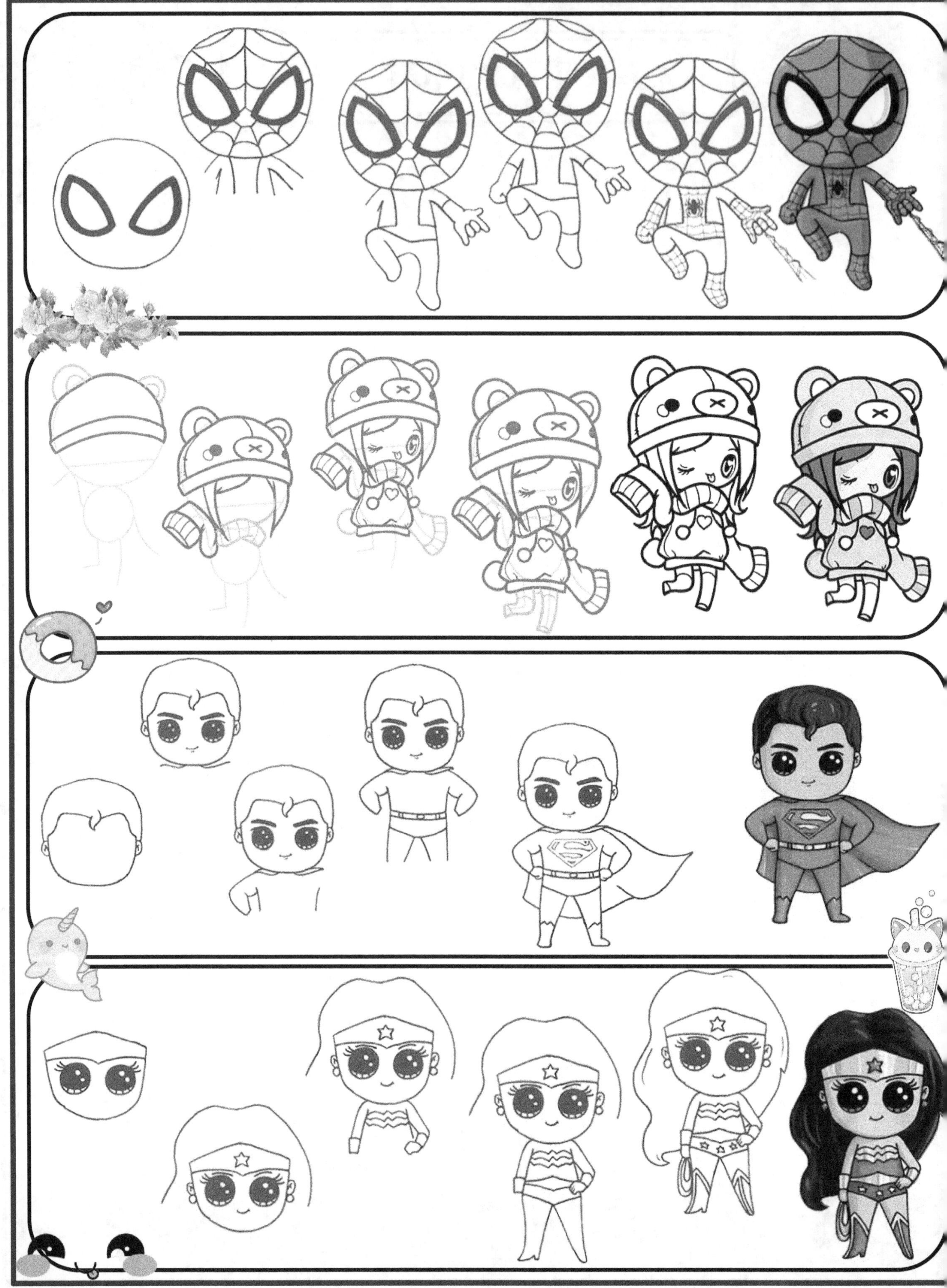

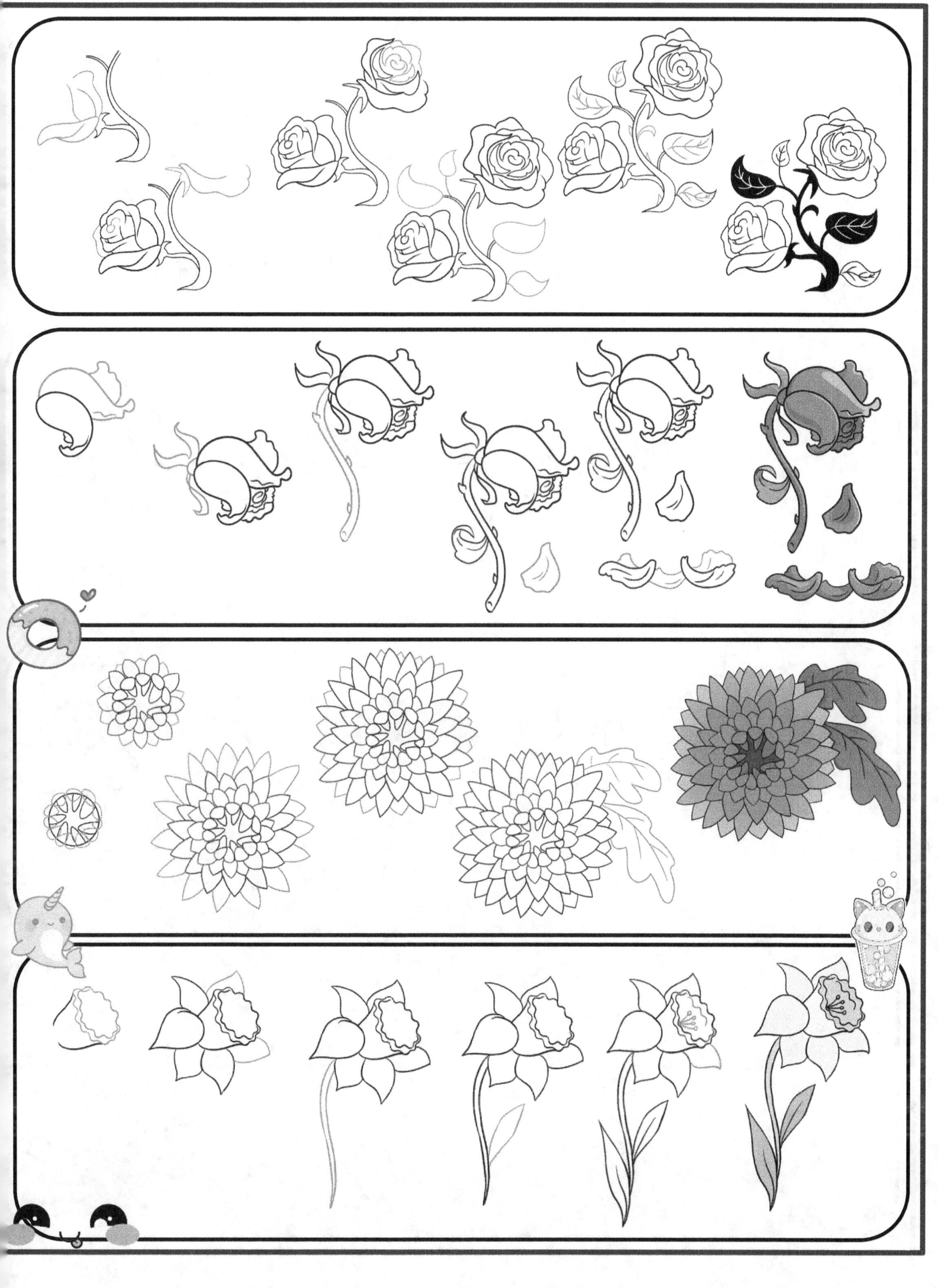

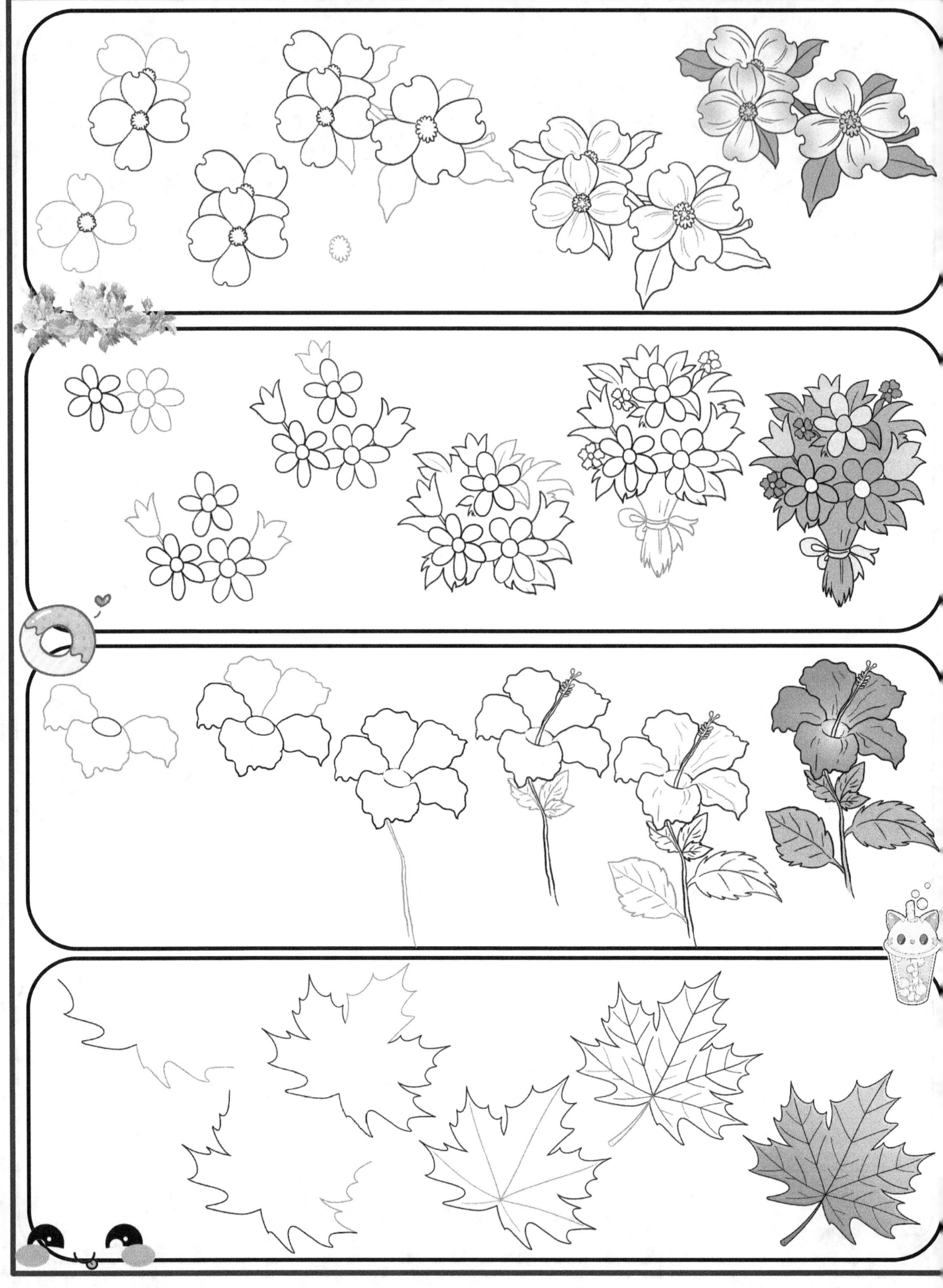

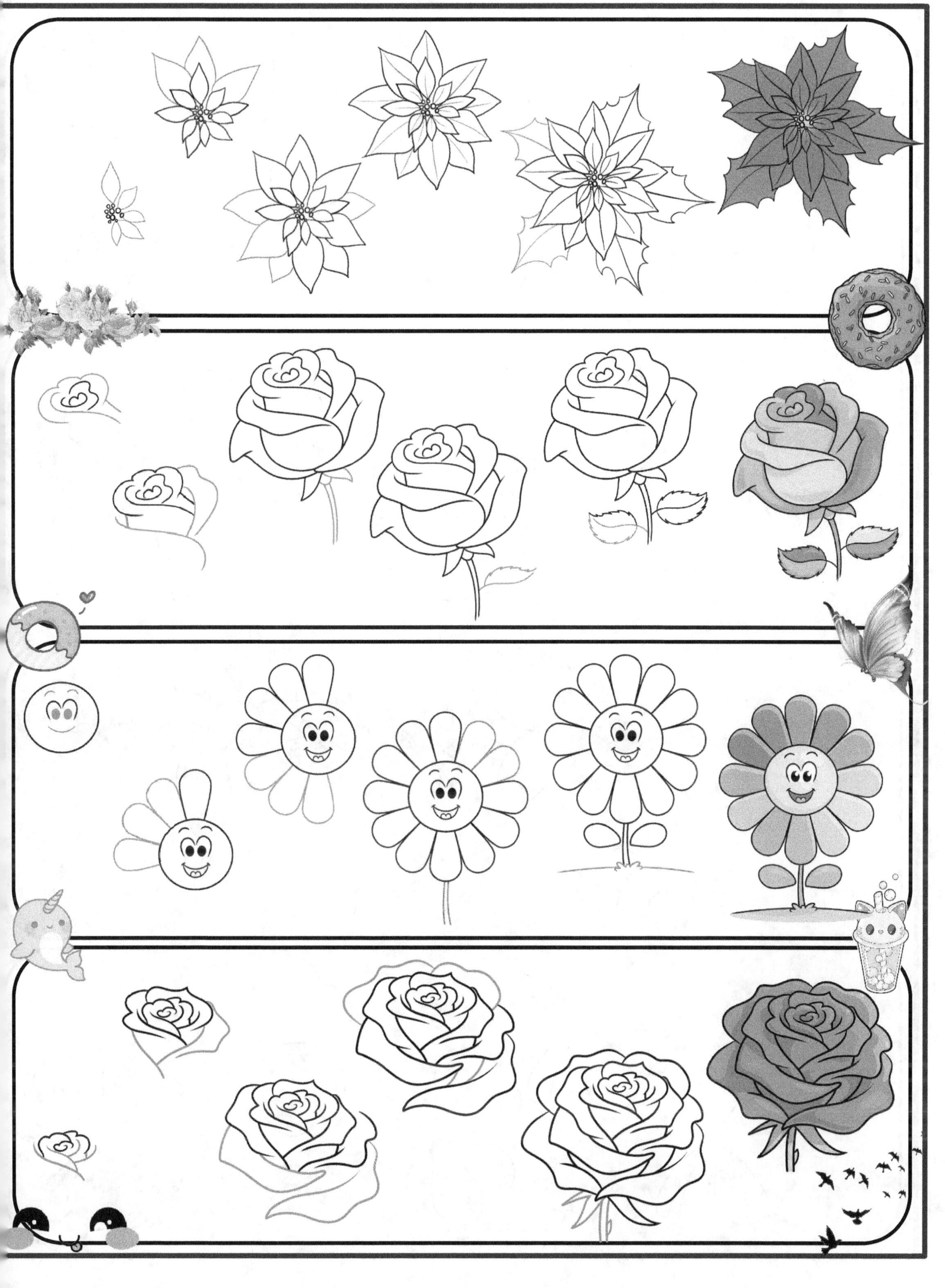

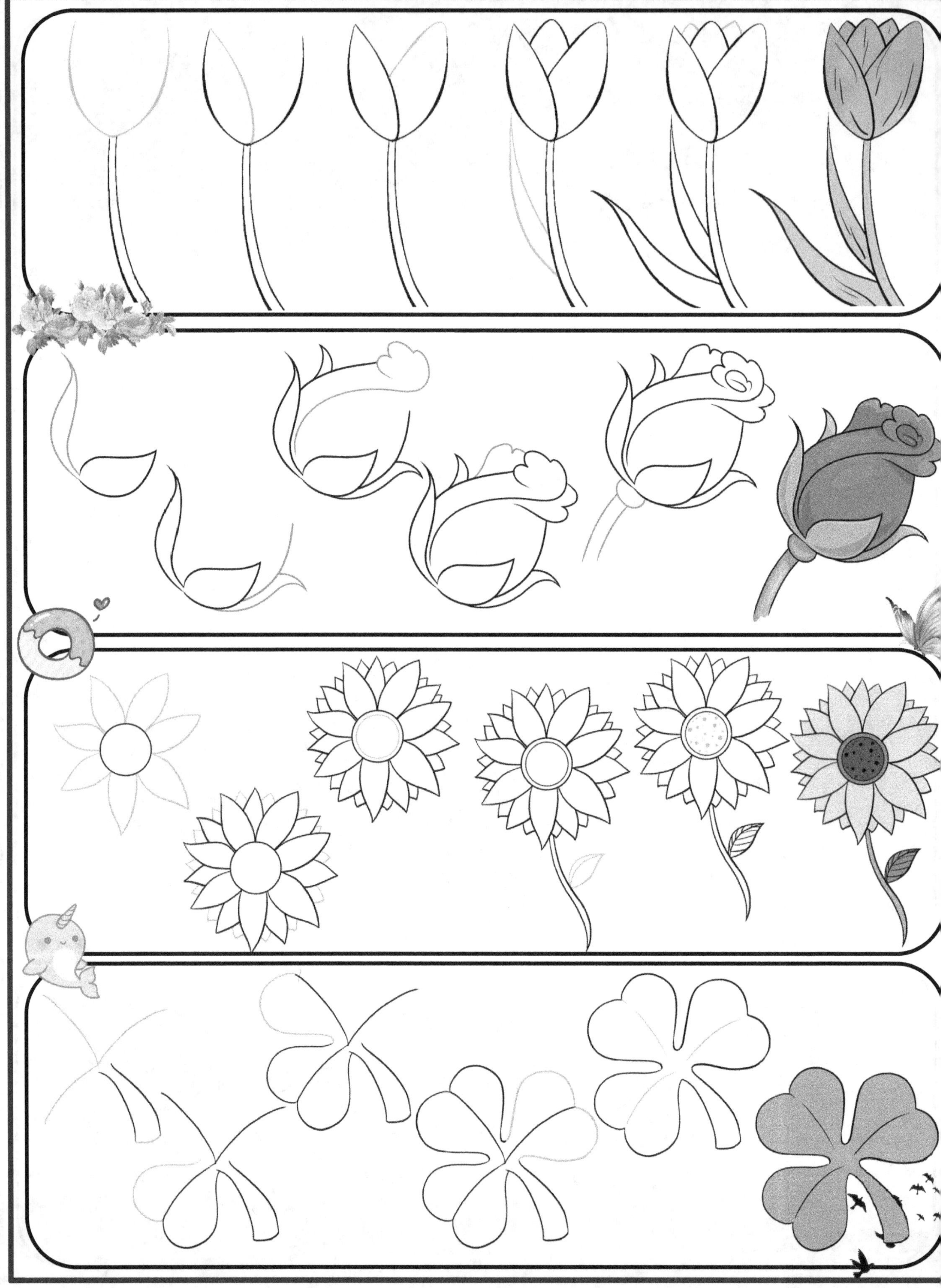

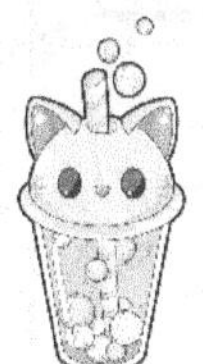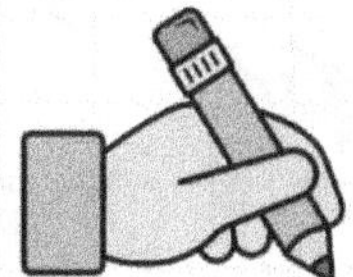

pratique

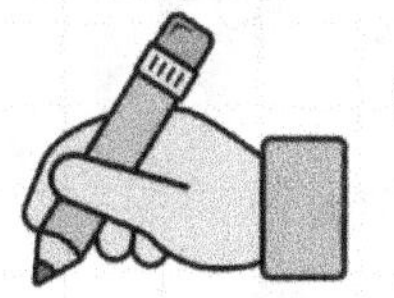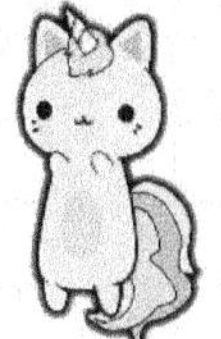

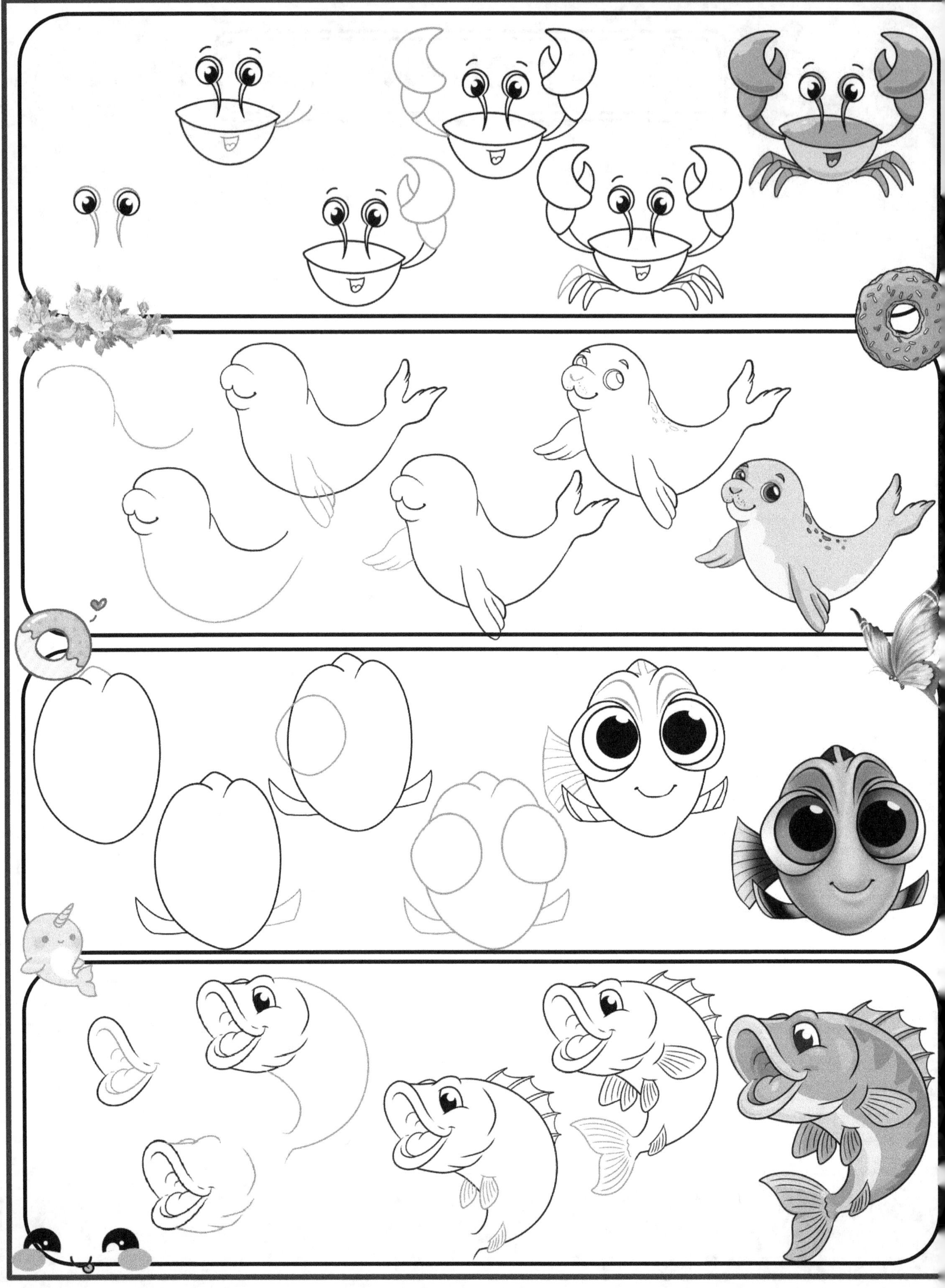

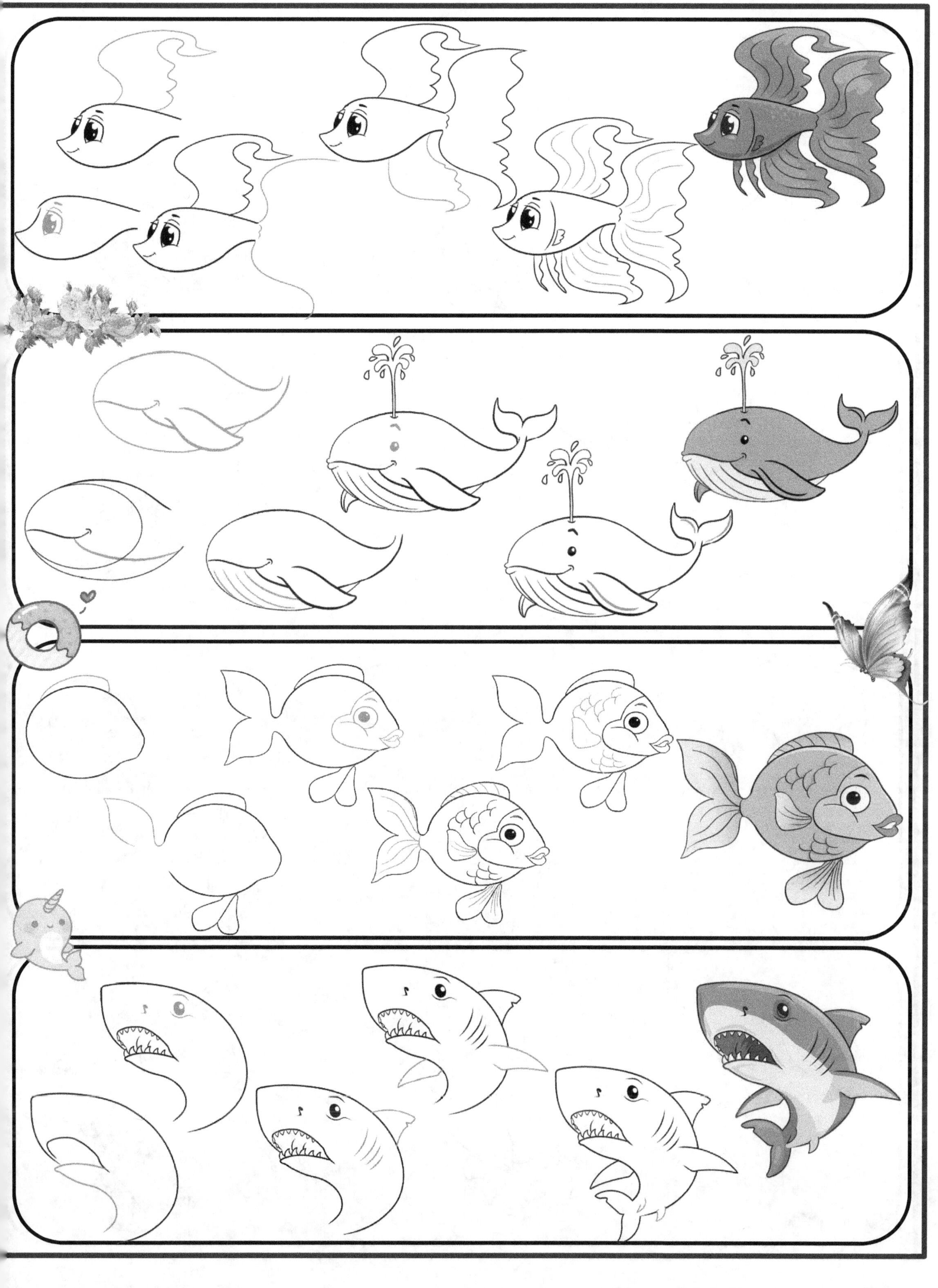

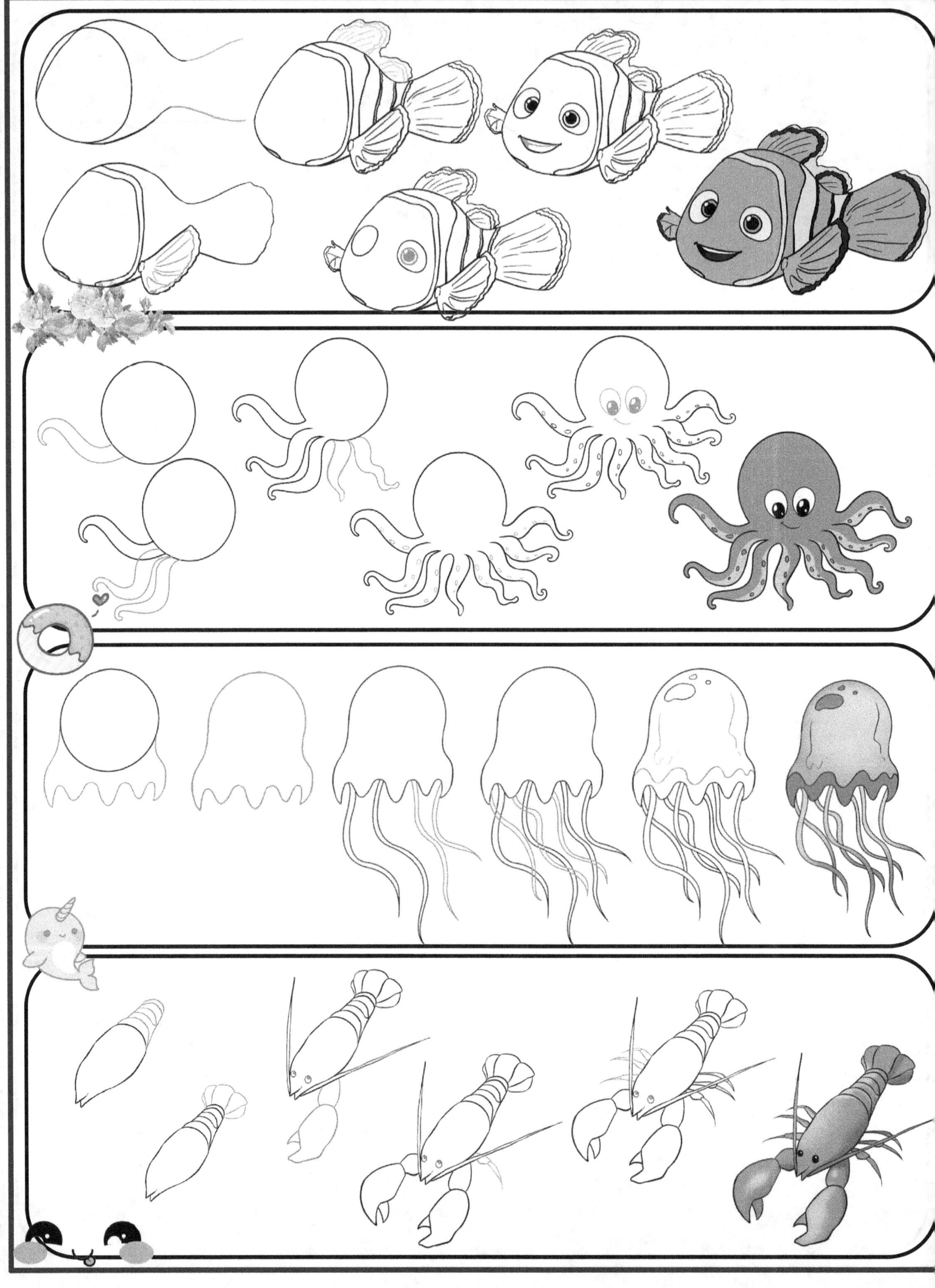

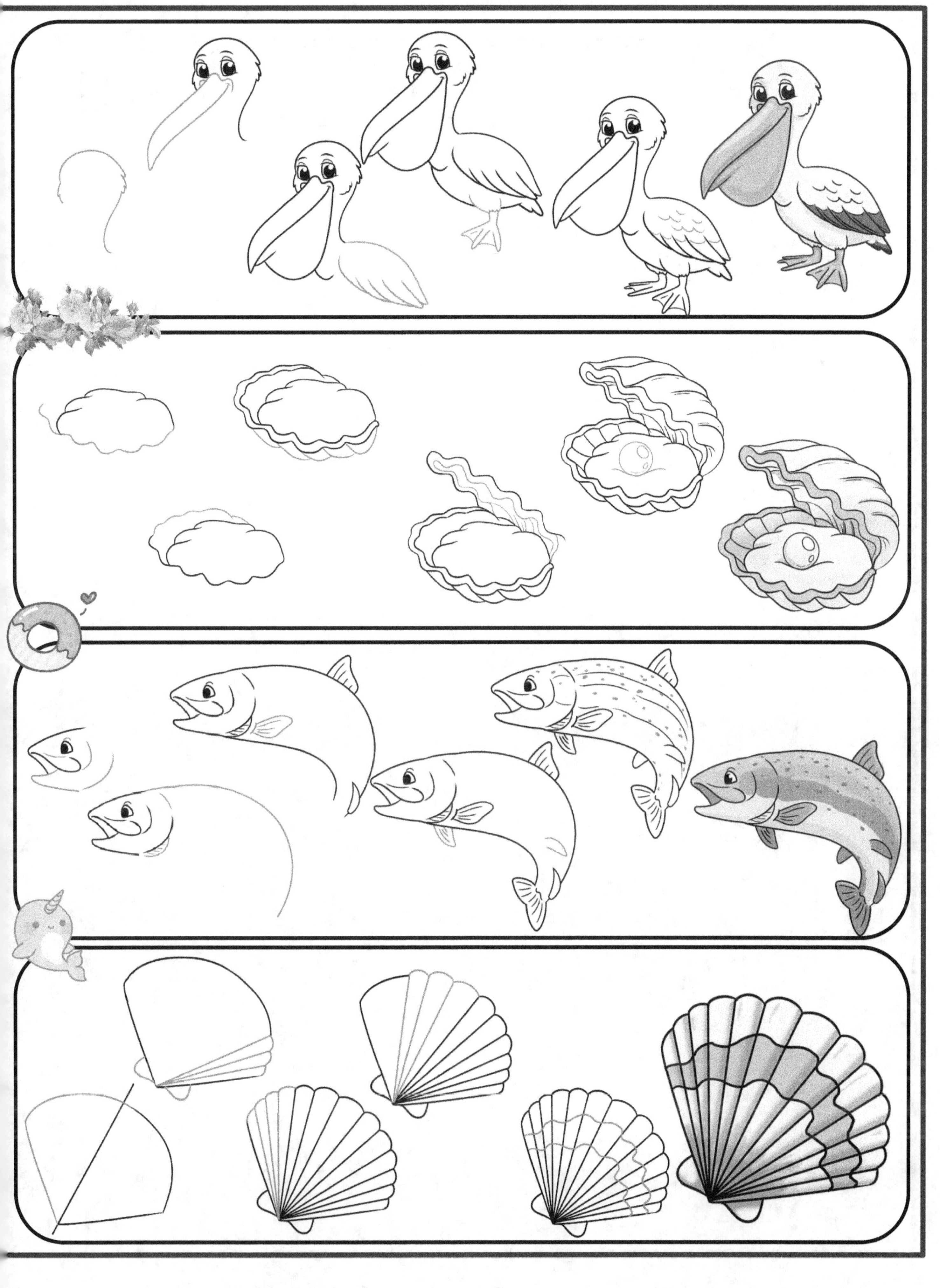

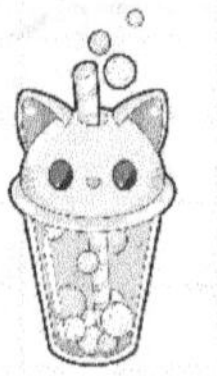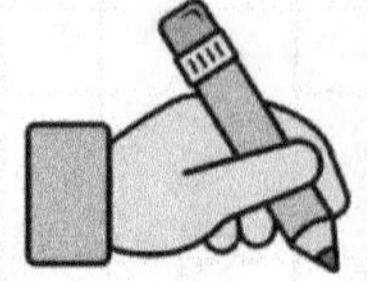 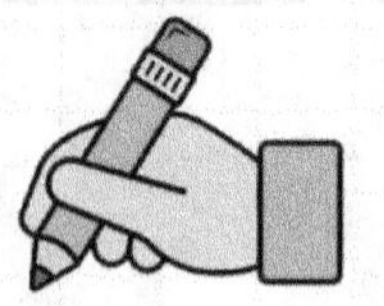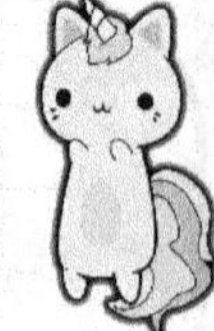

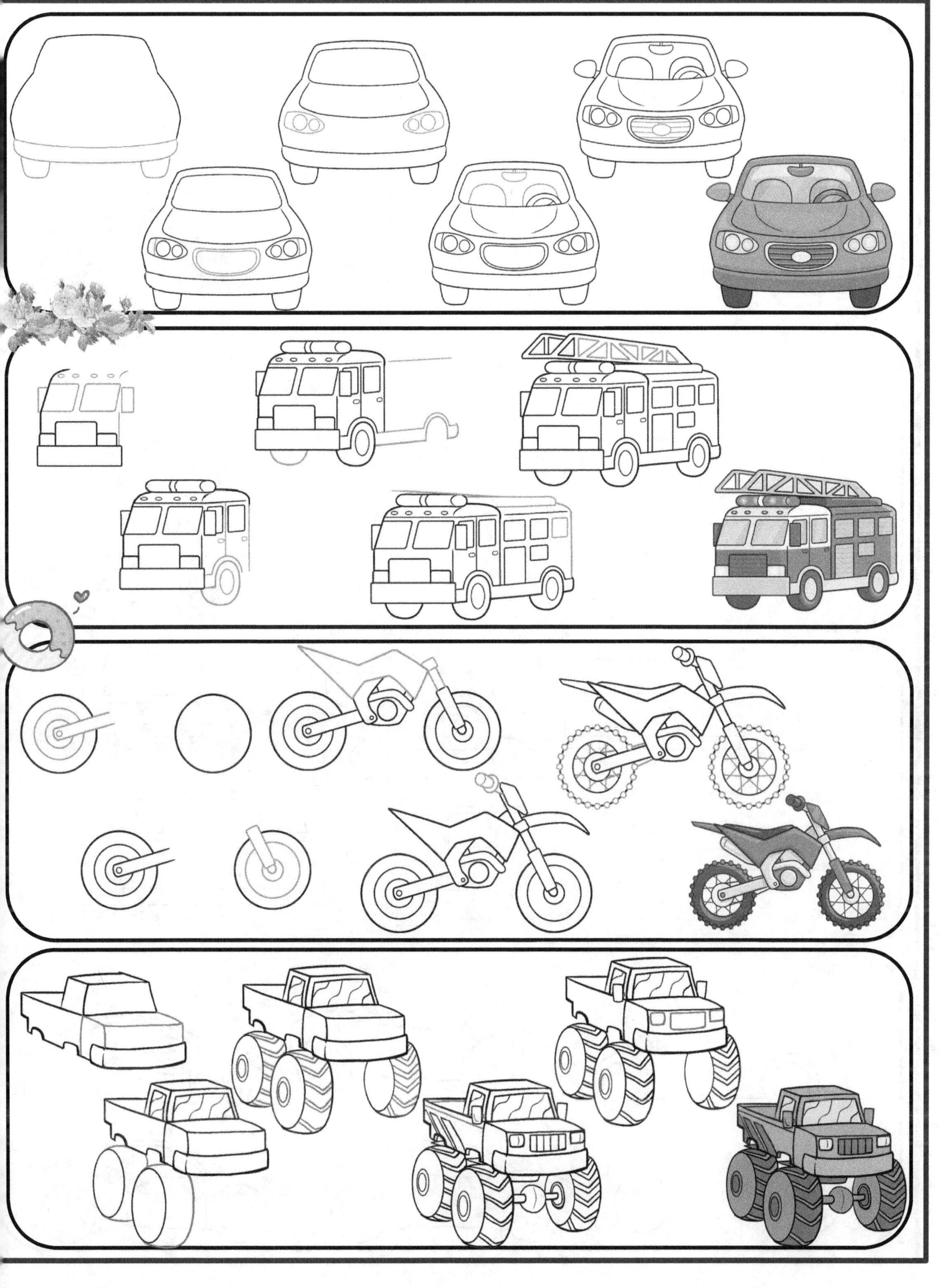

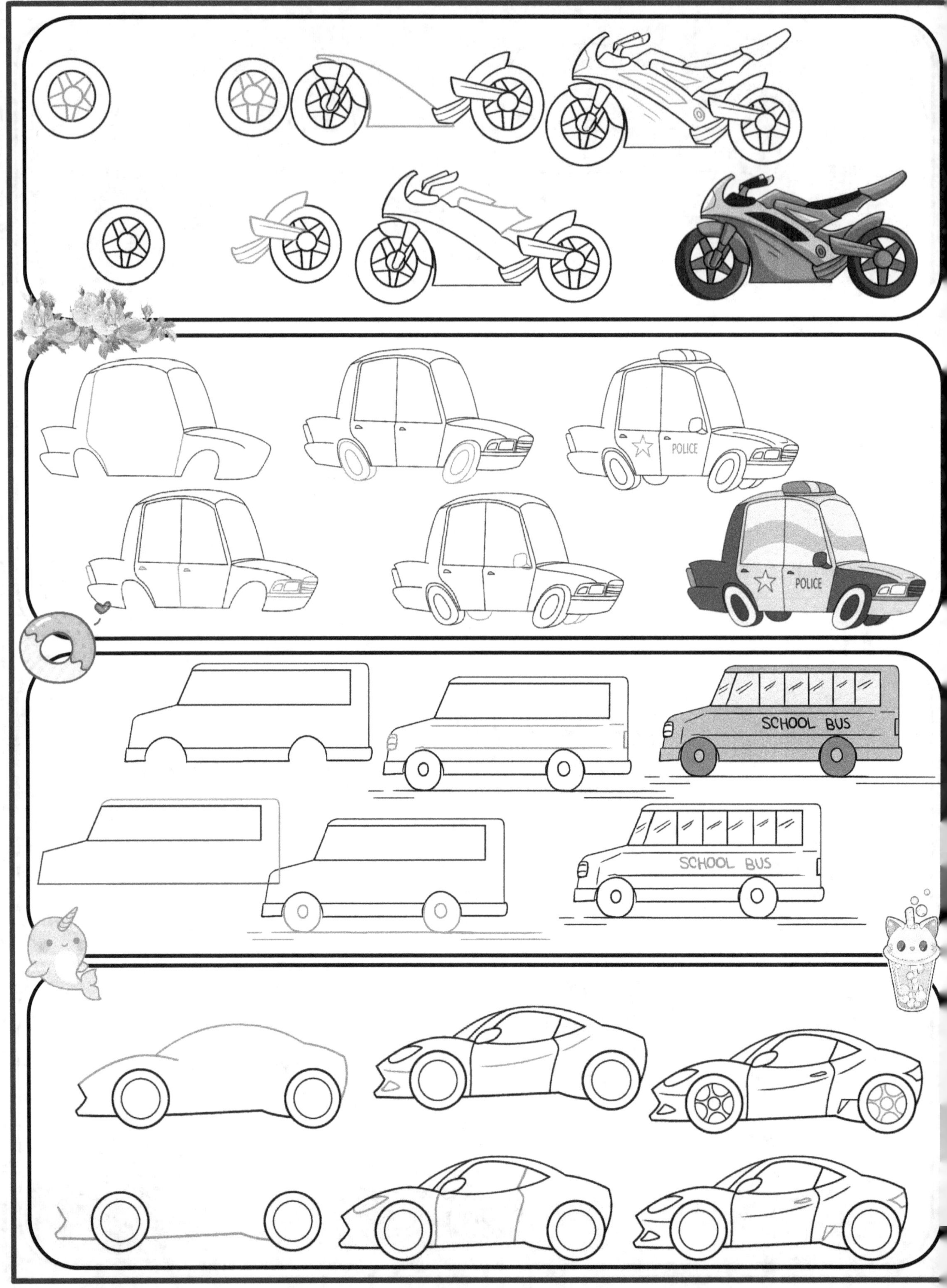

POLICE
POLICE
SCHOOL BUS
SCHOOL BUS

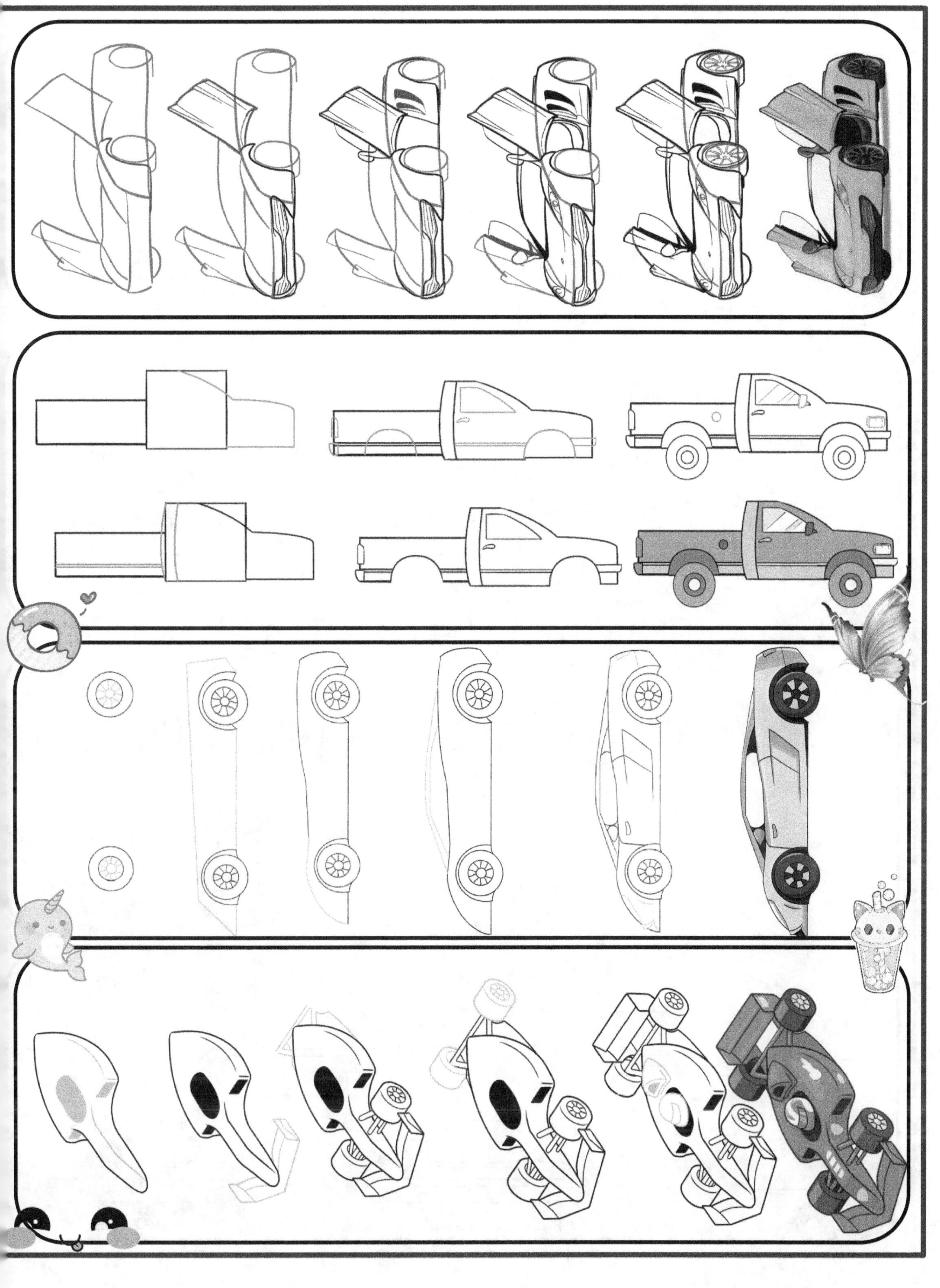

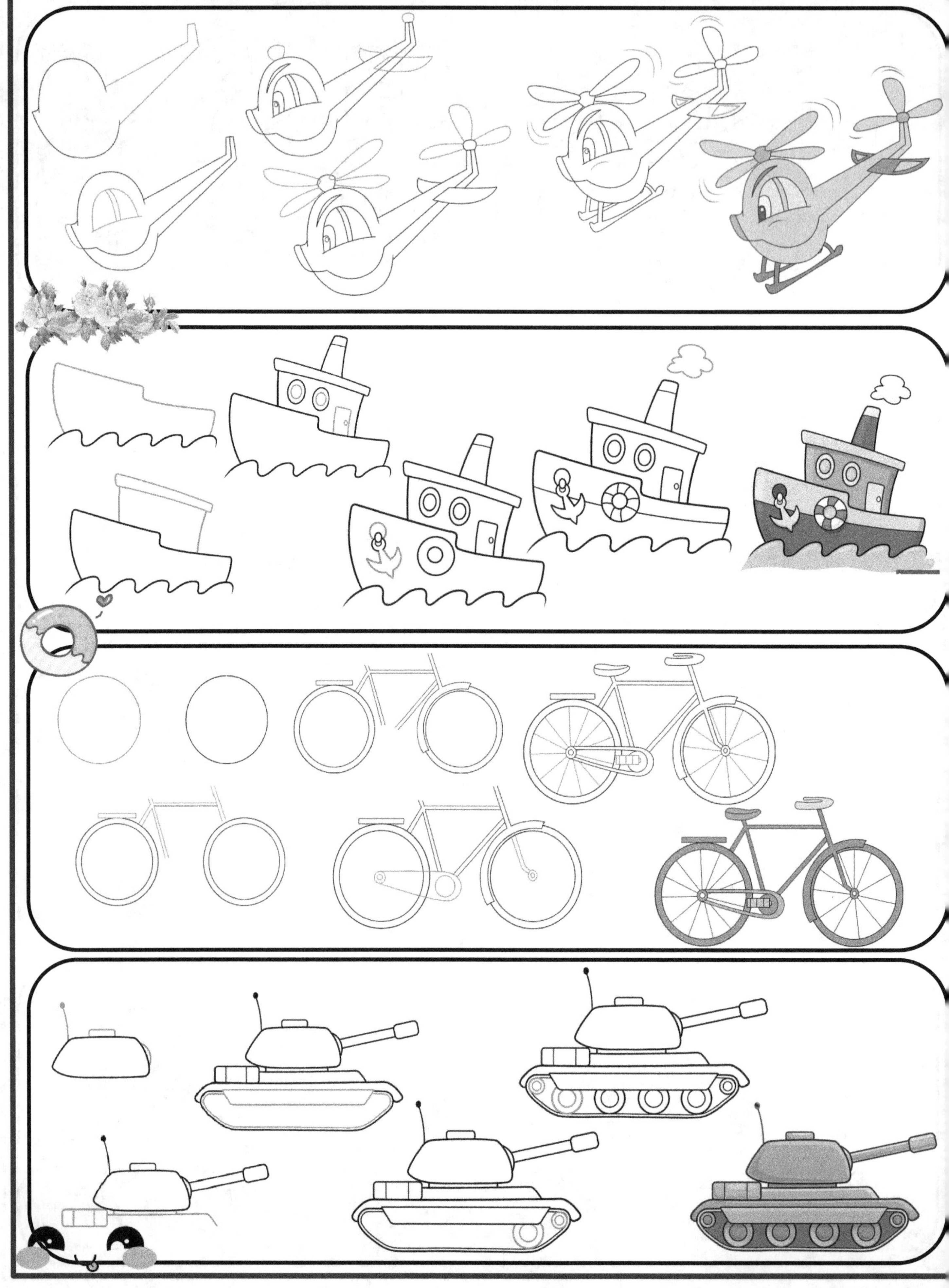

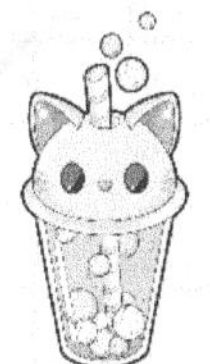 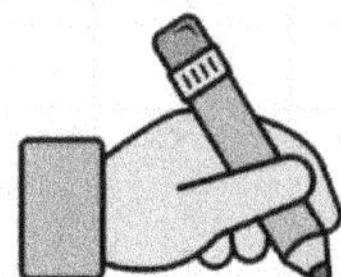

pratique

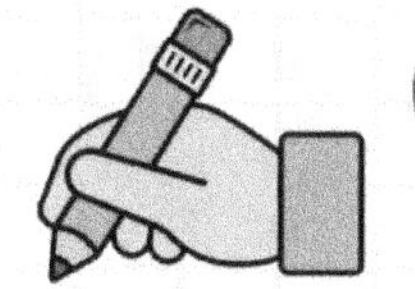 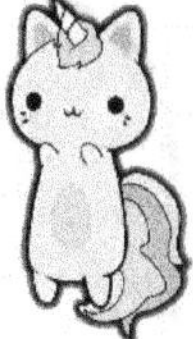

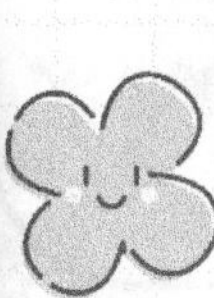

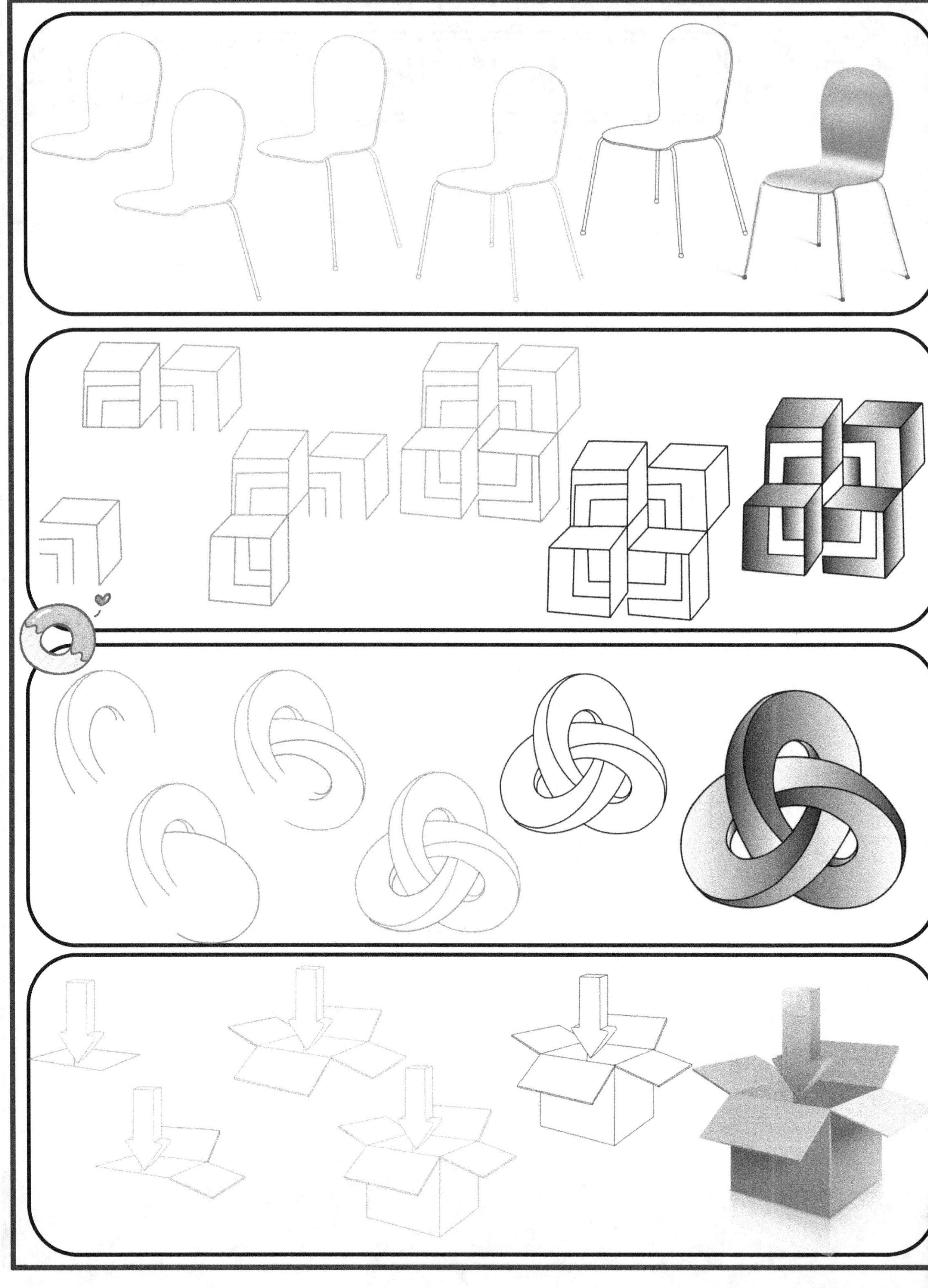

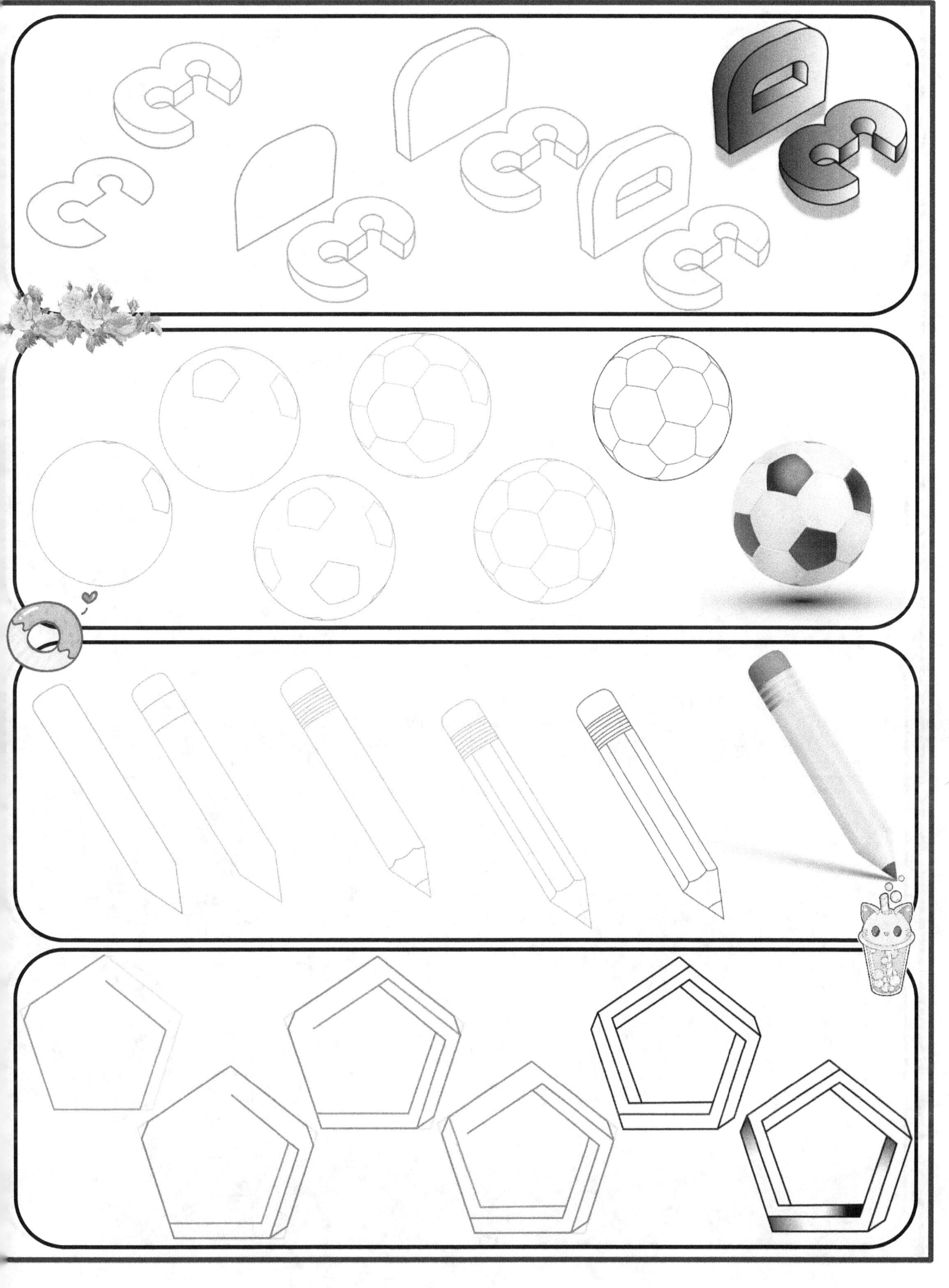

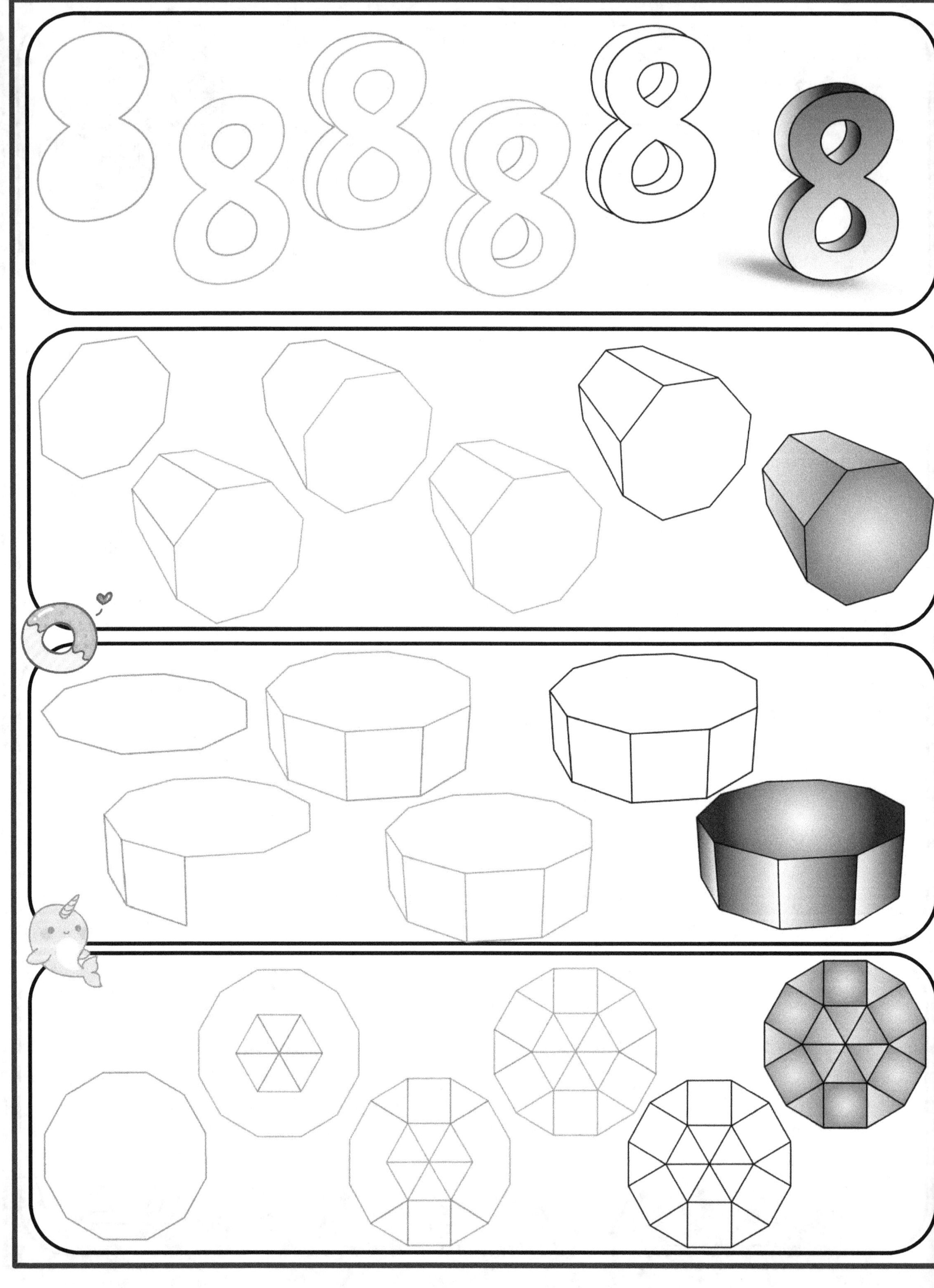

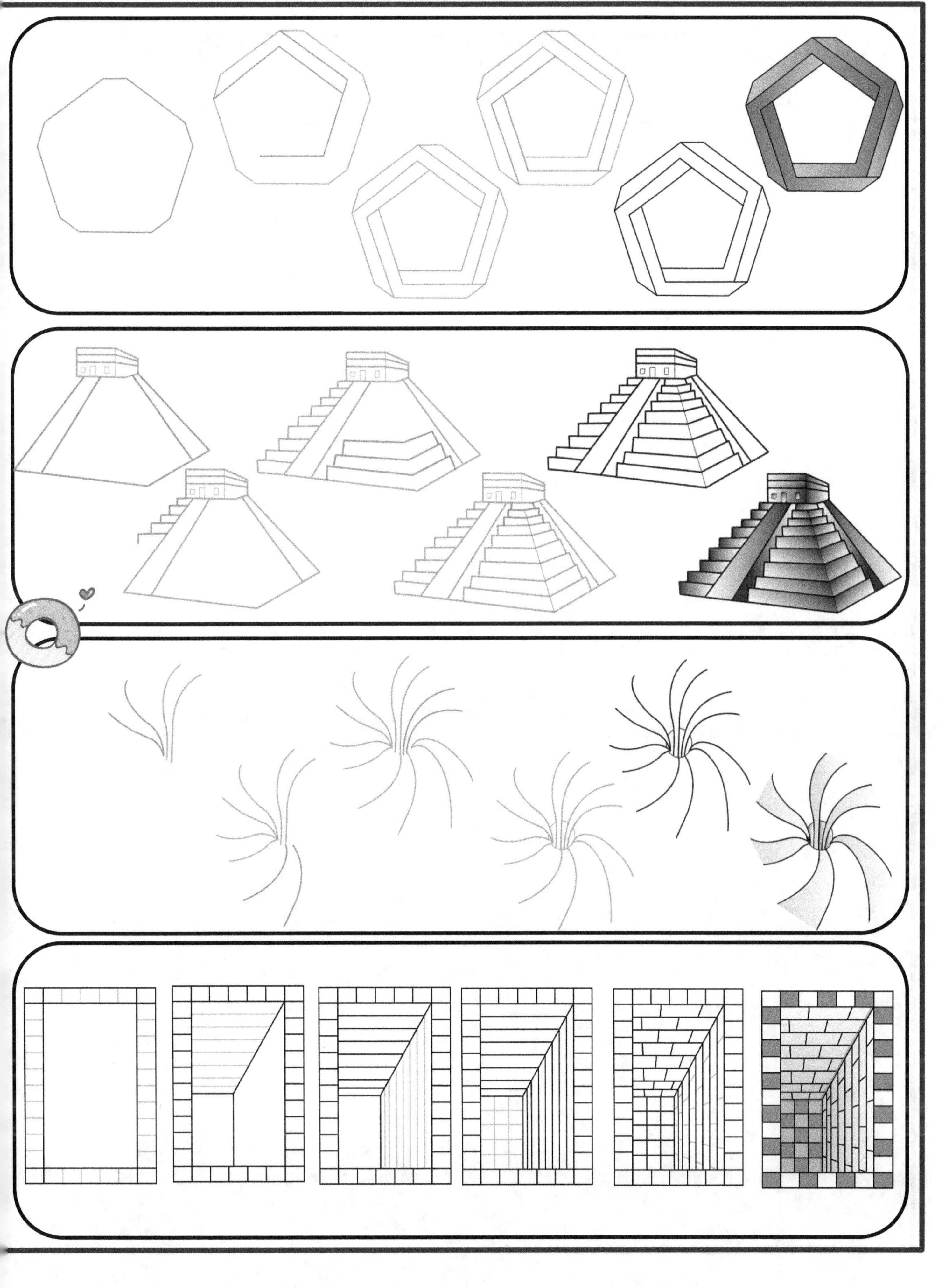

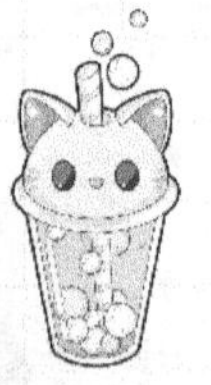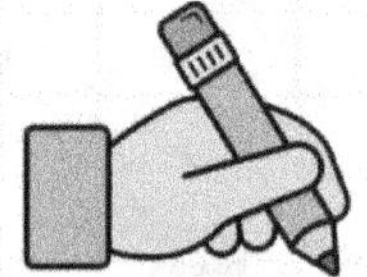

pratique

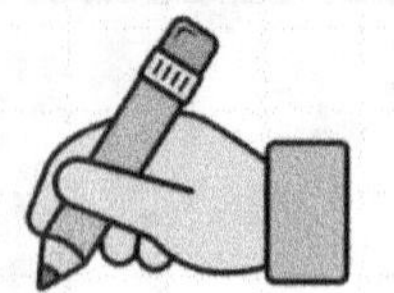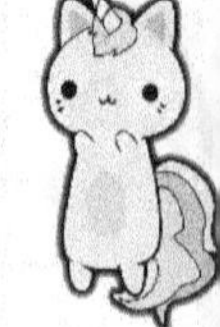

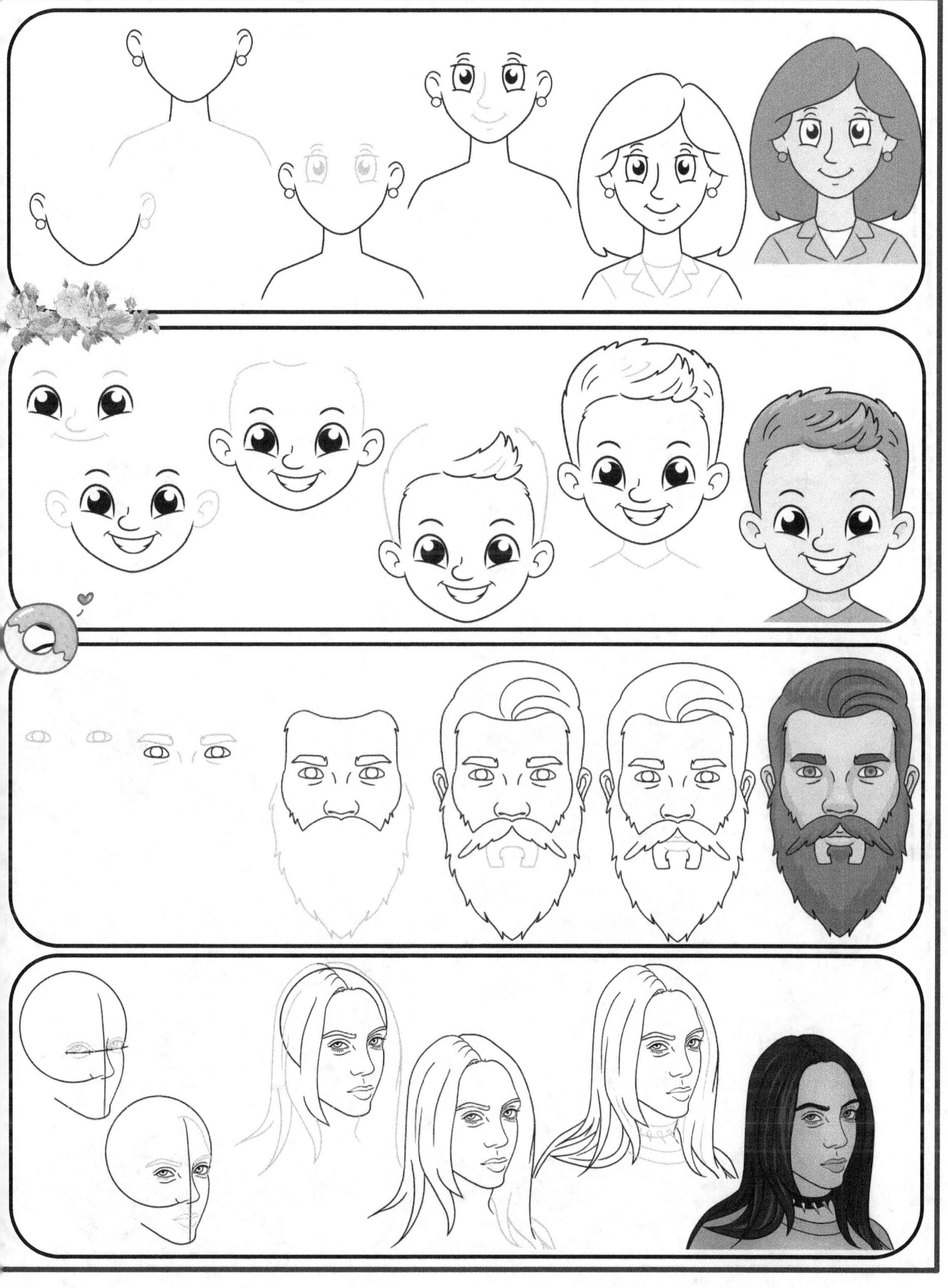

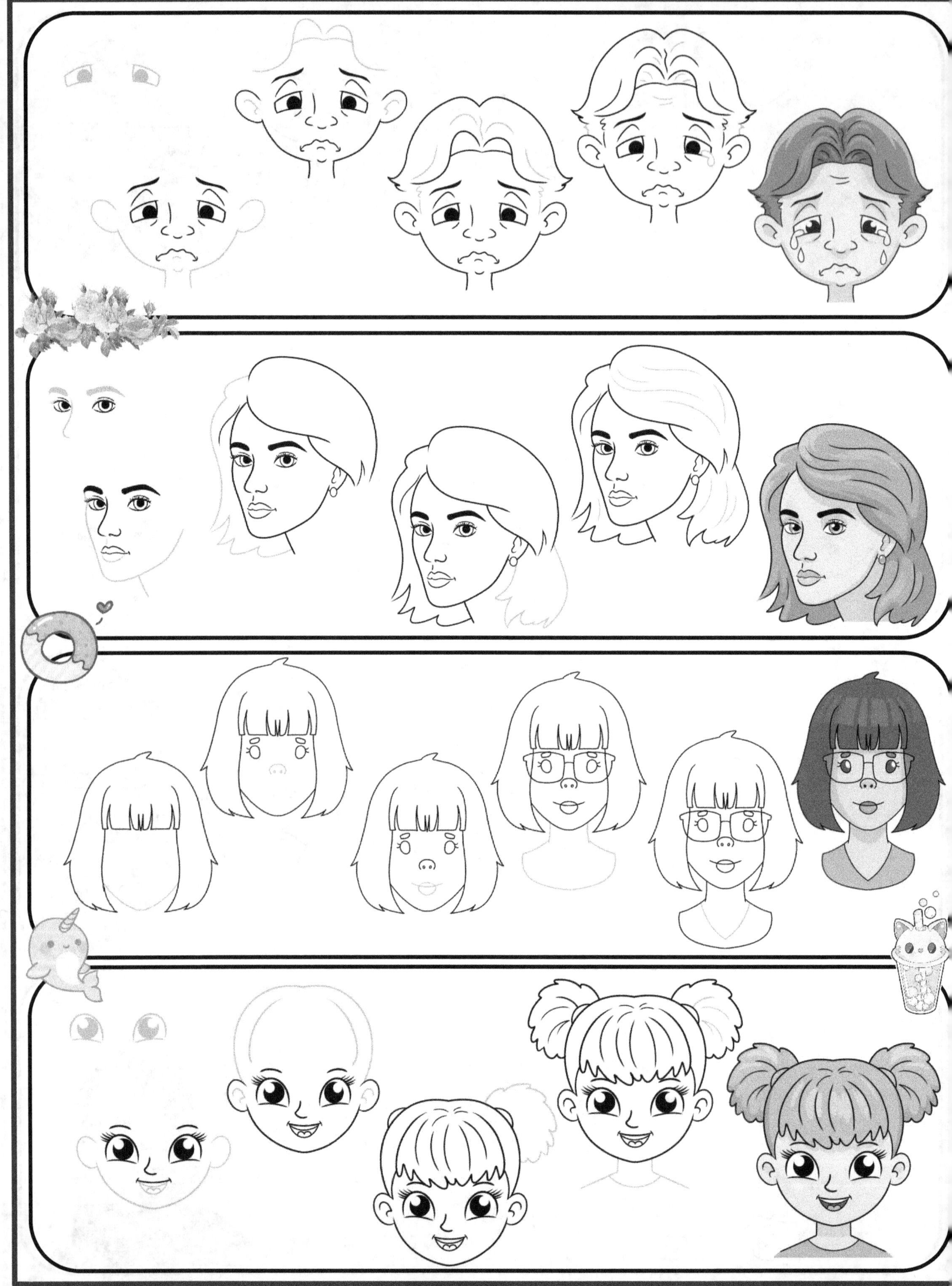

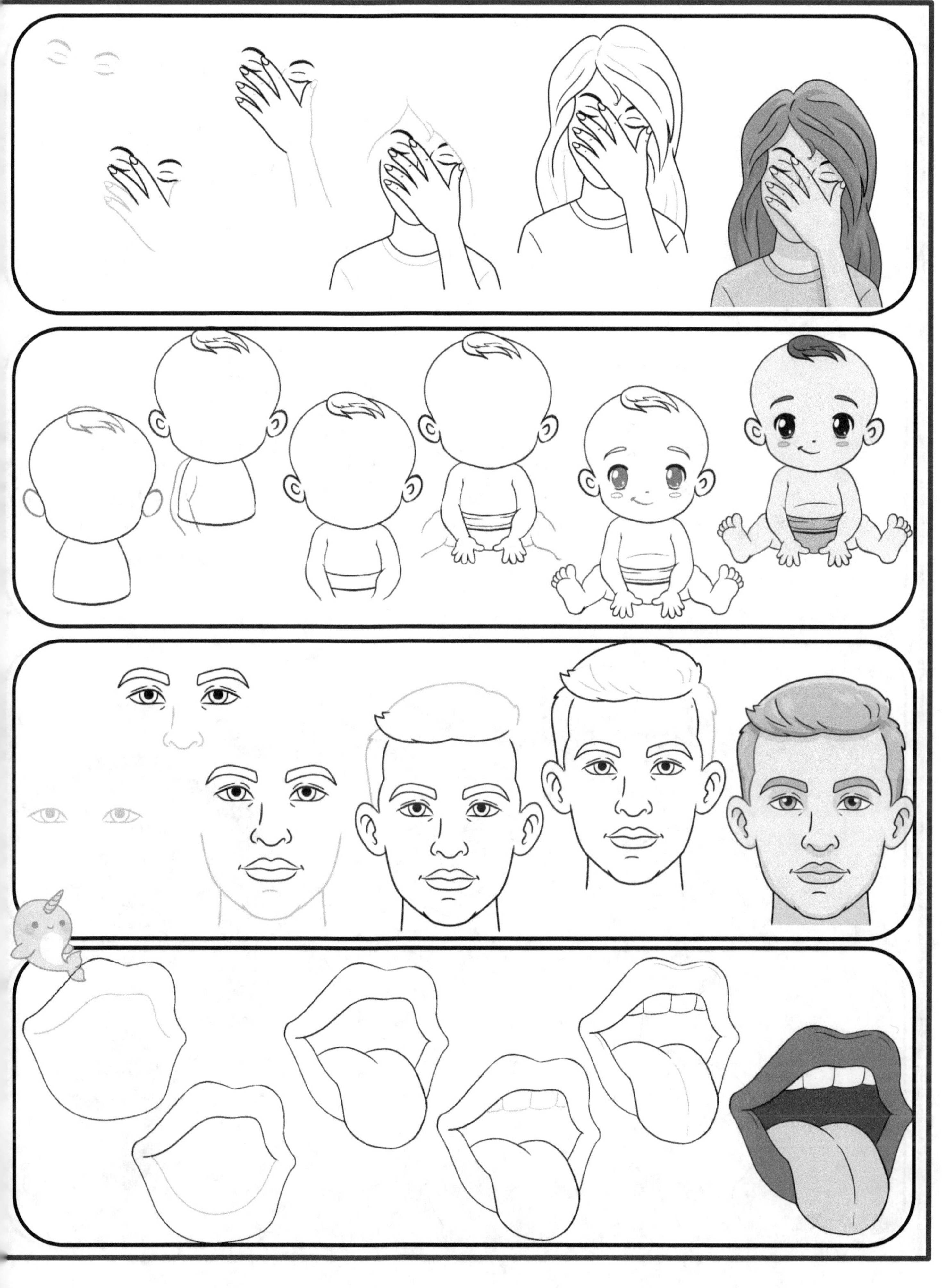

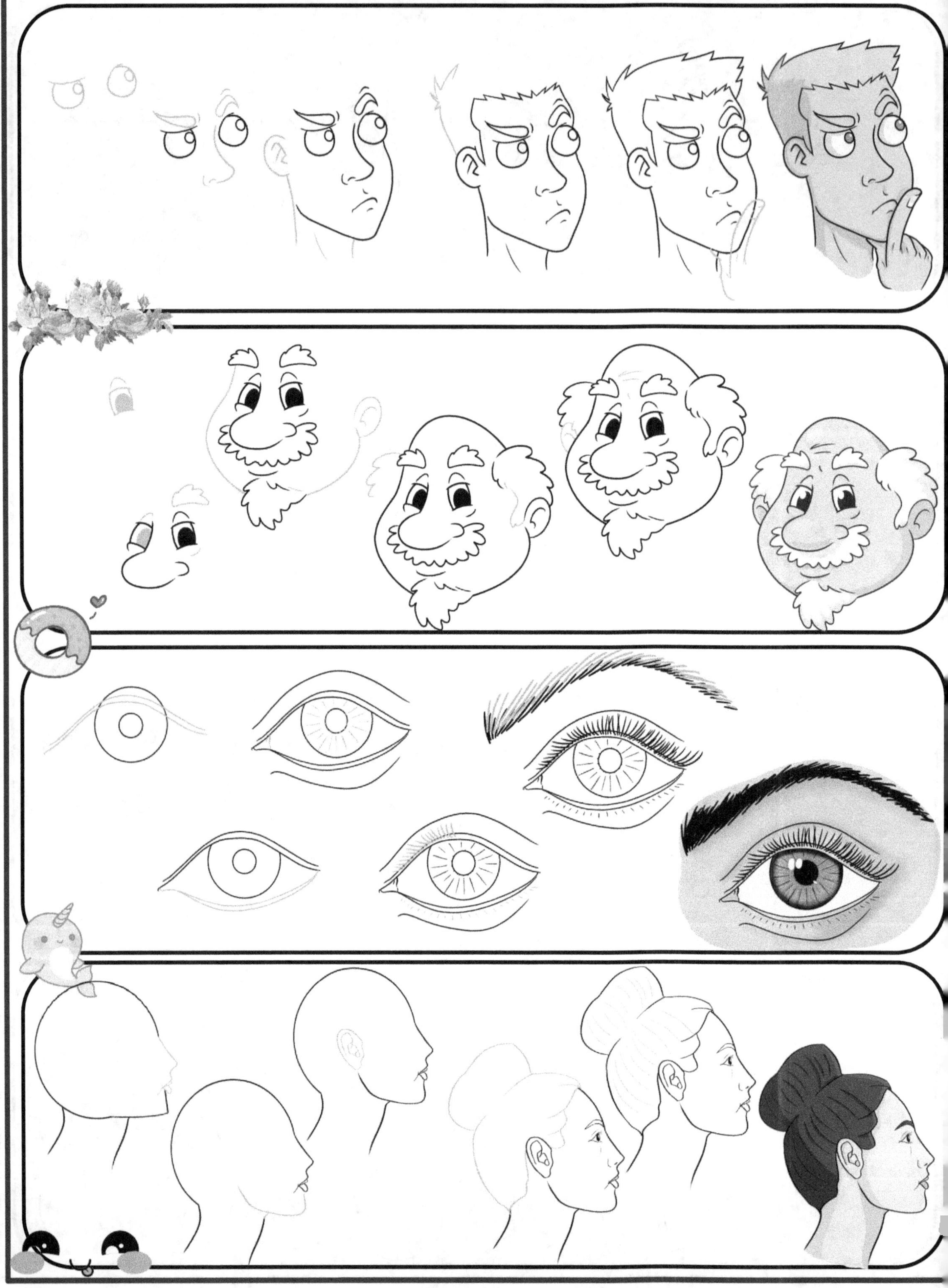

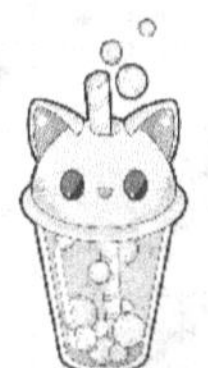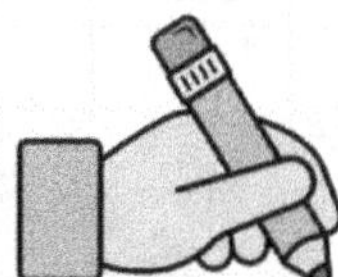

pratique

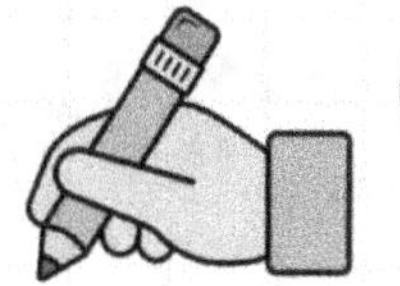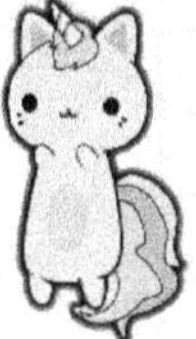

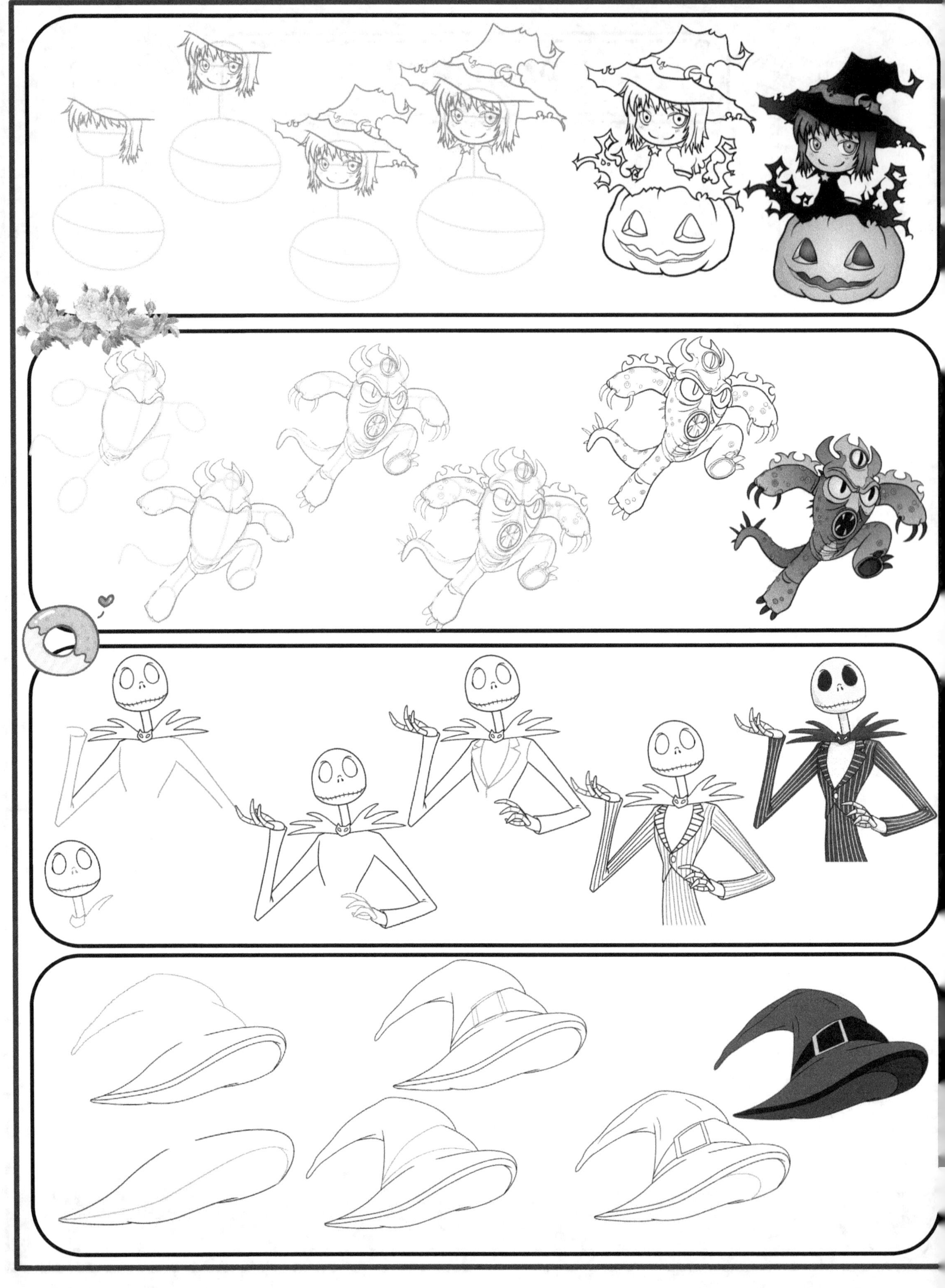

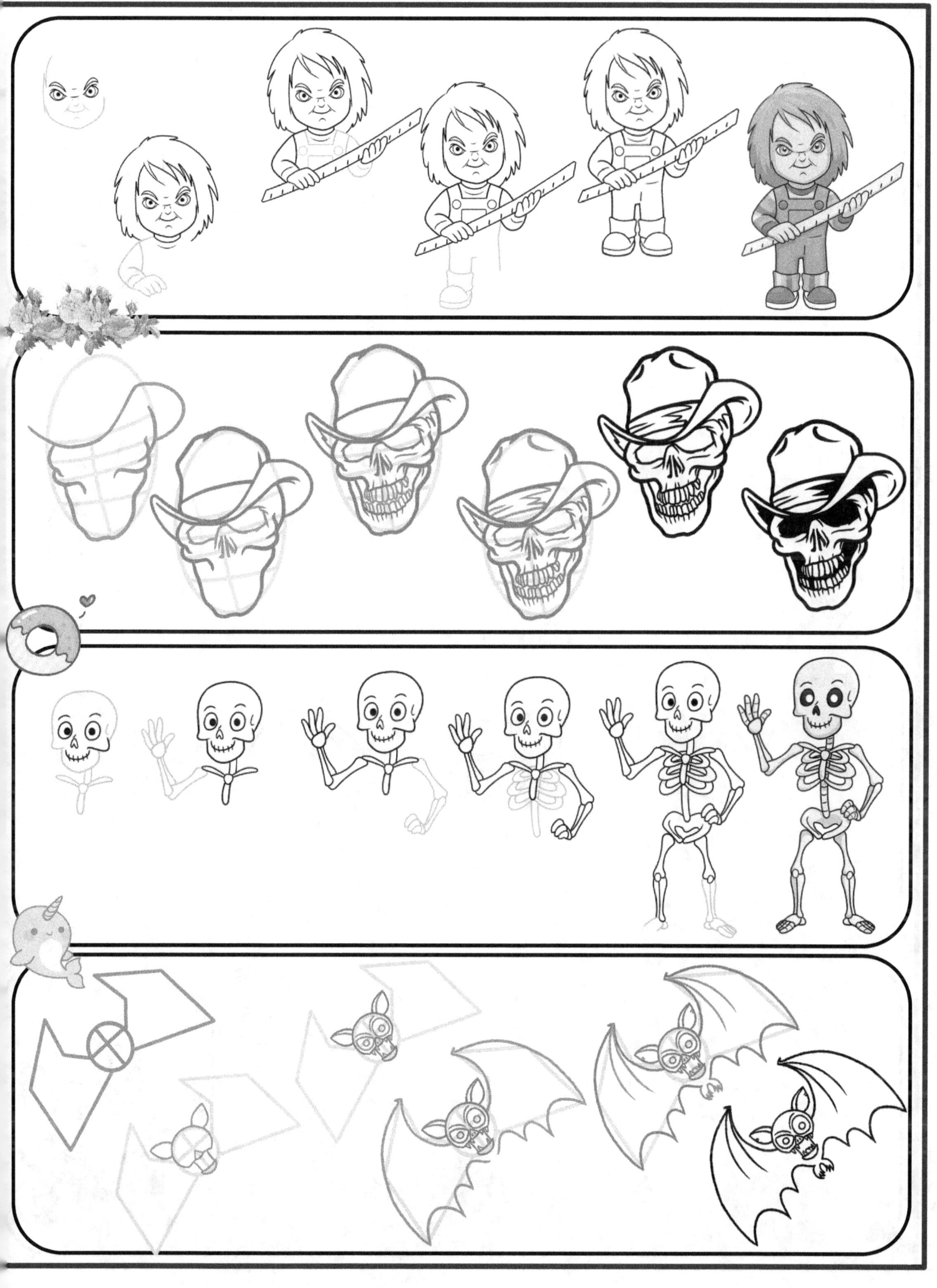

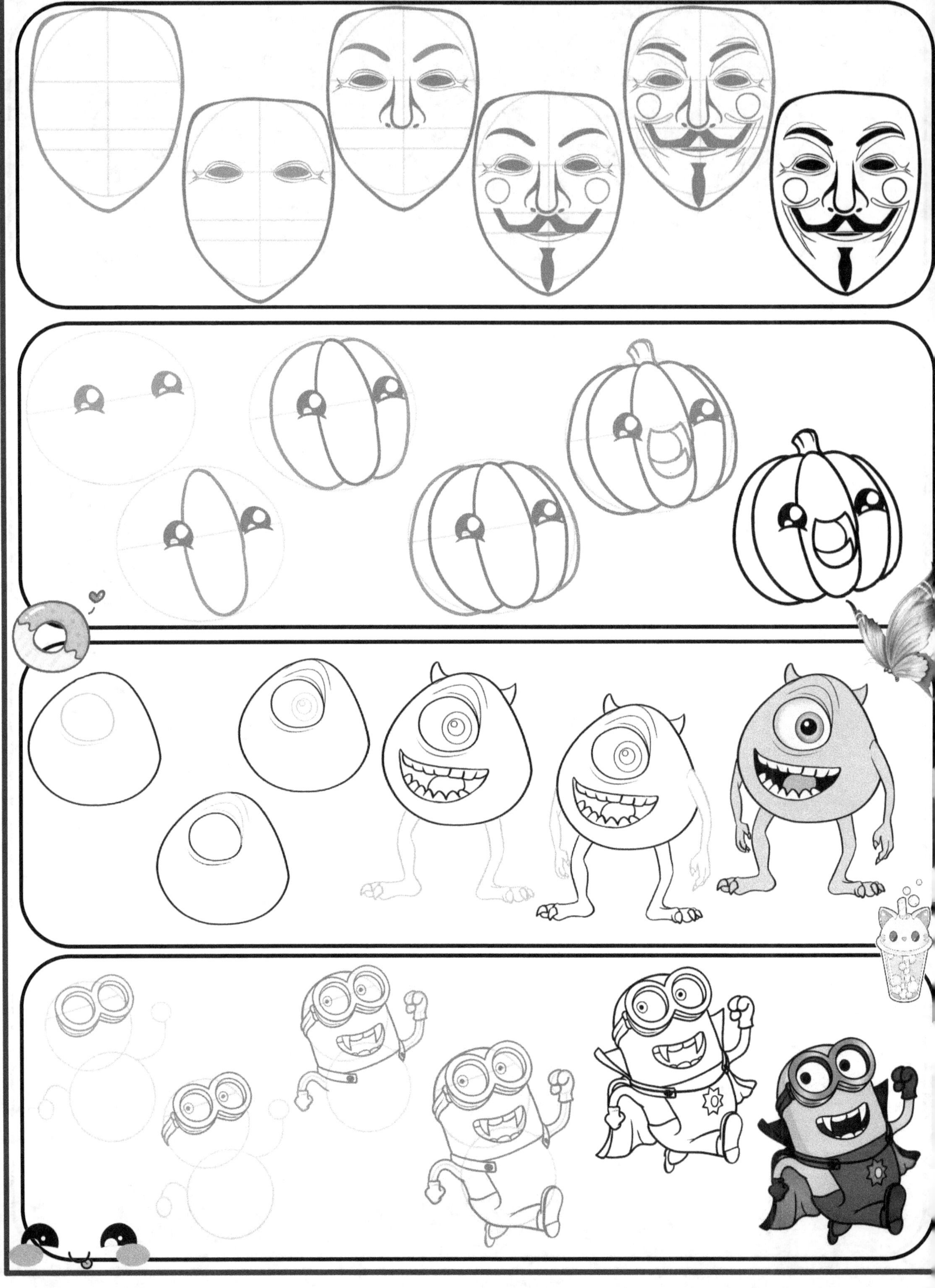

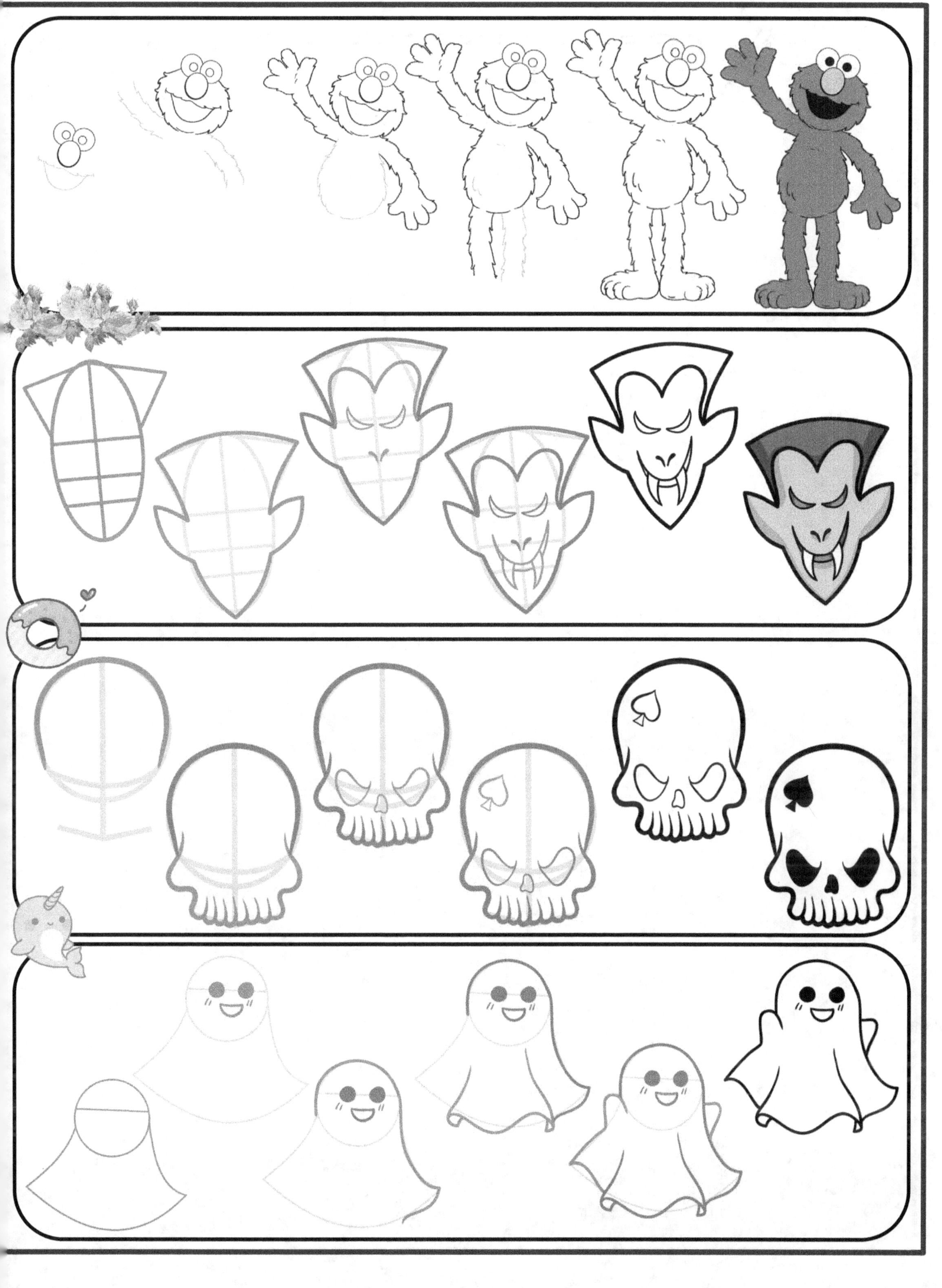

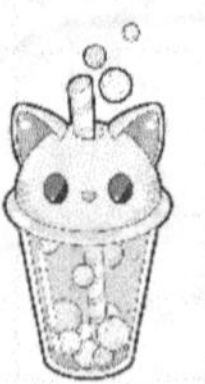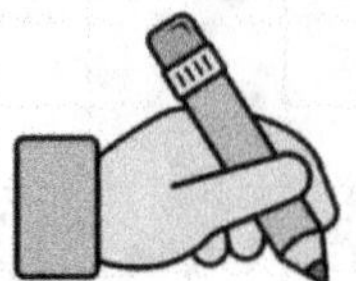

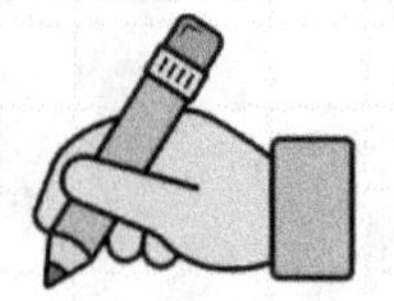

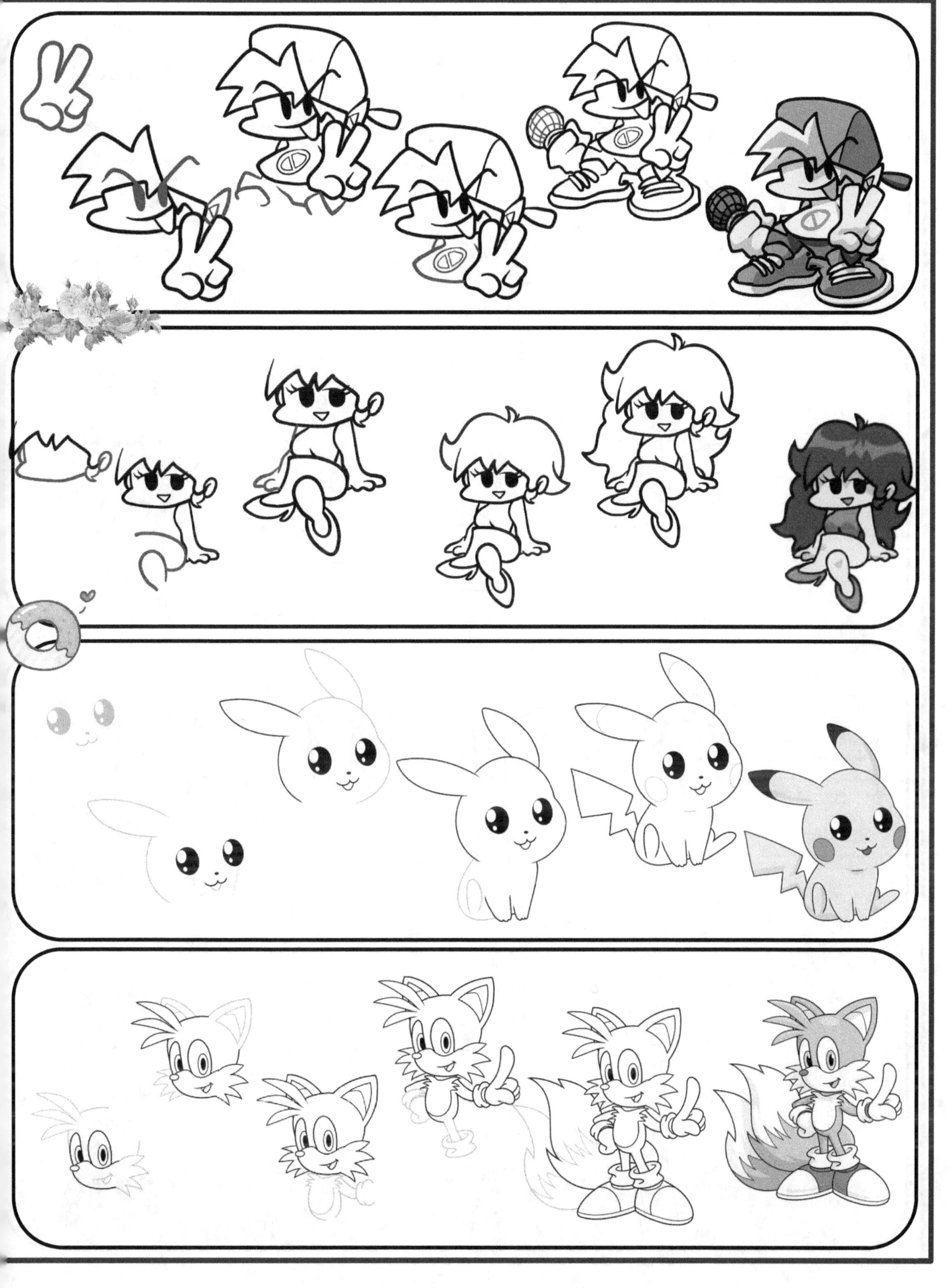

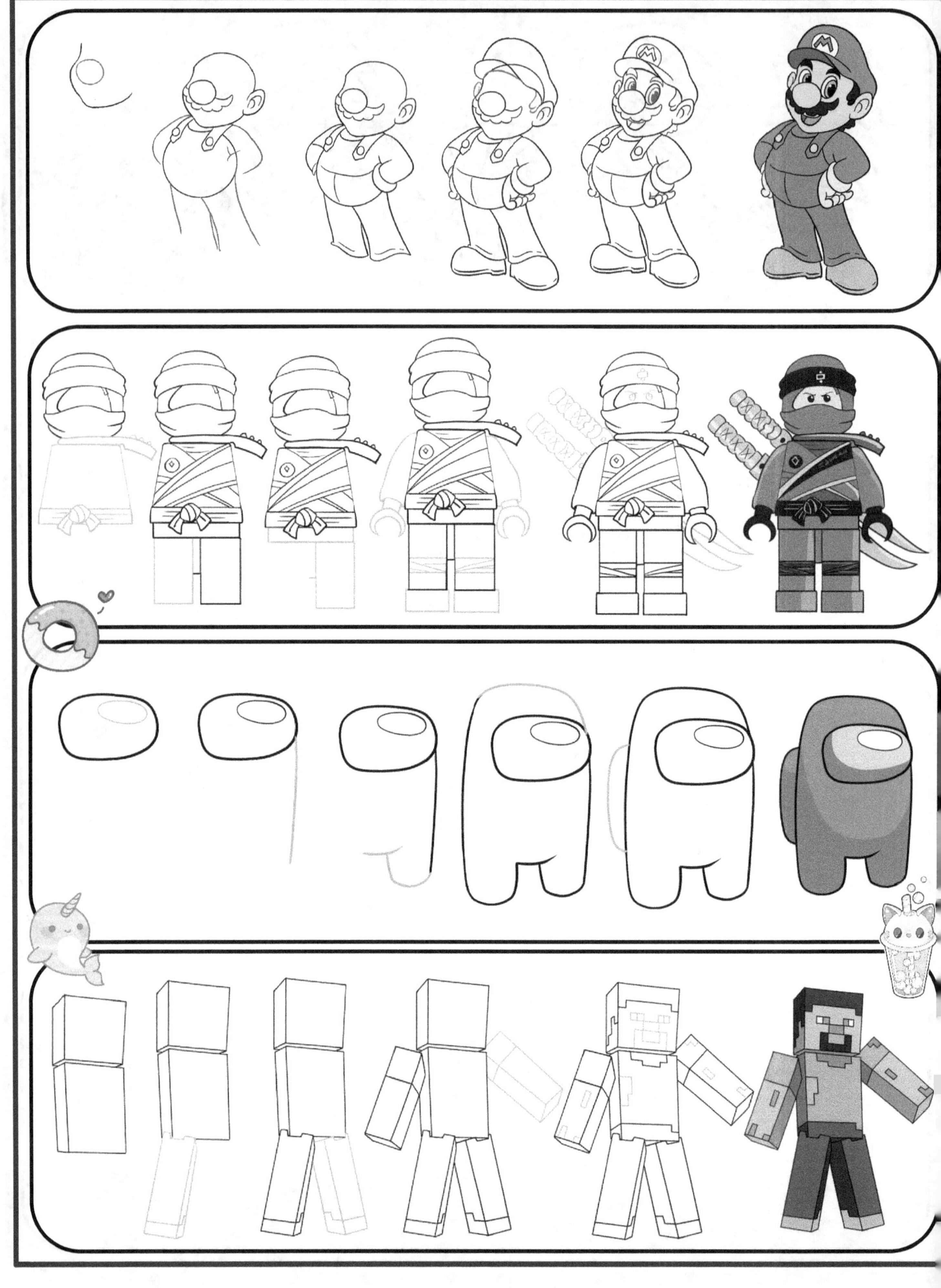

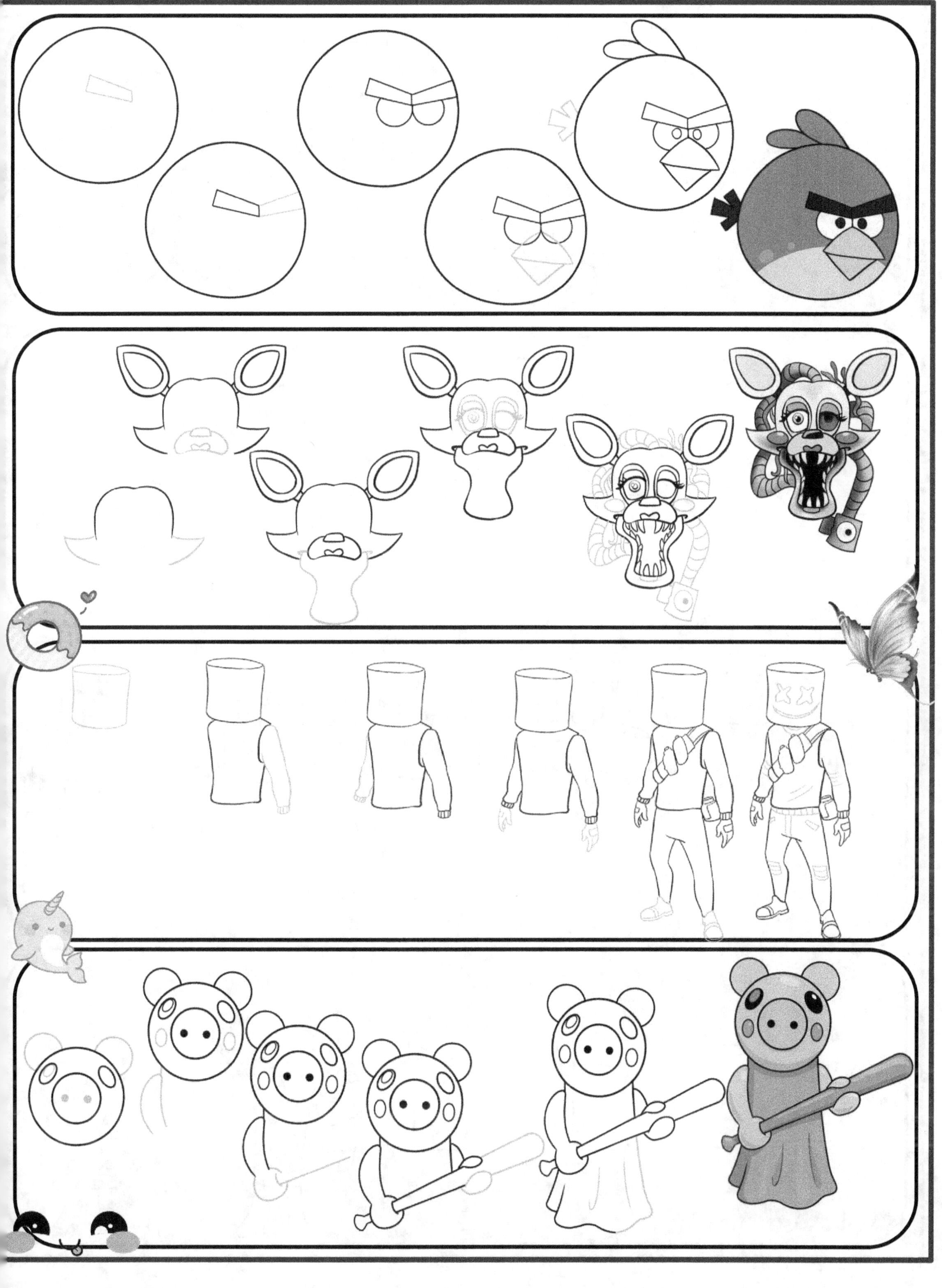

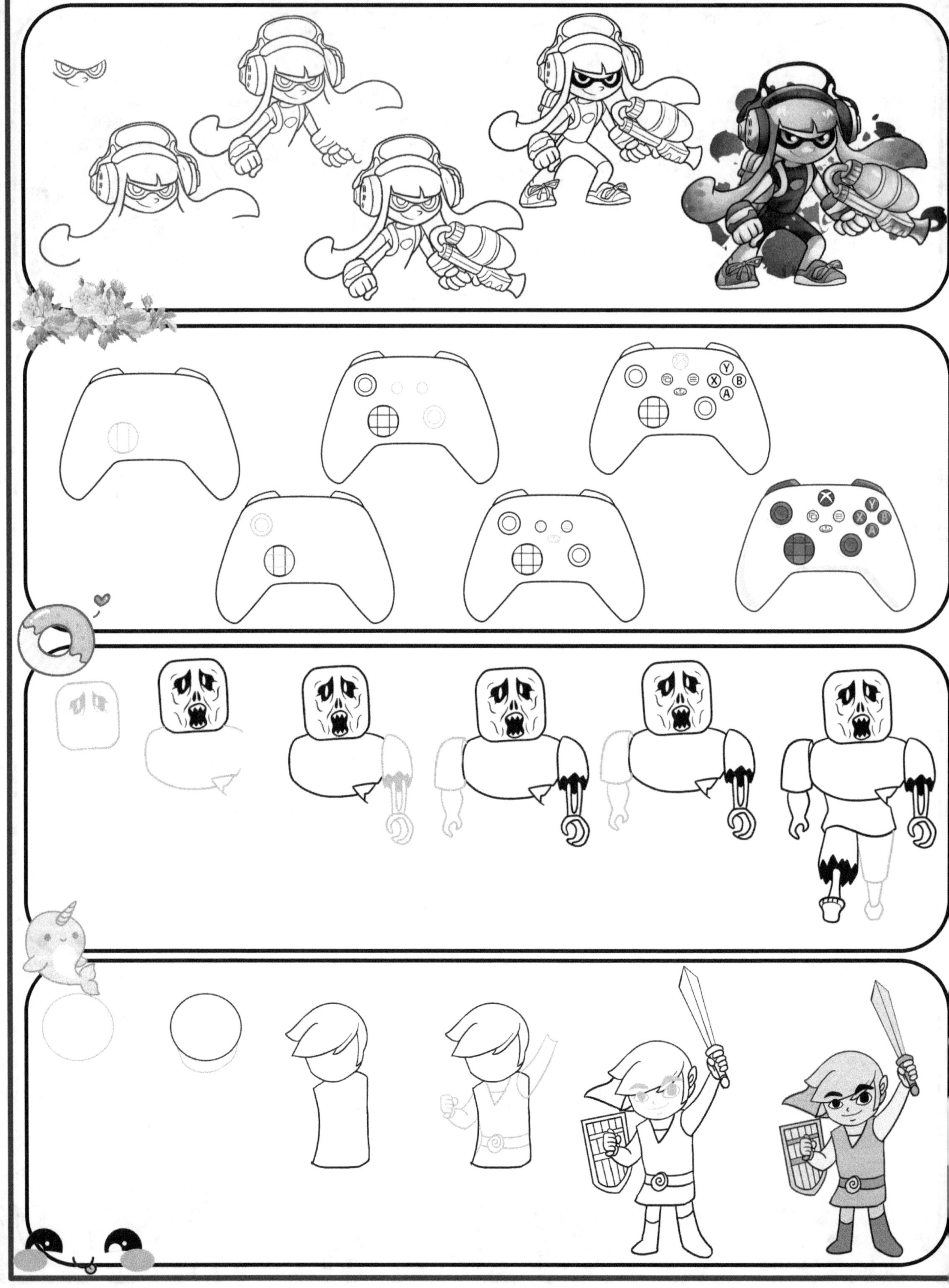

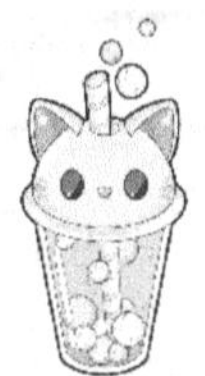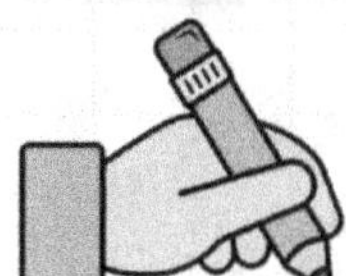

pratique

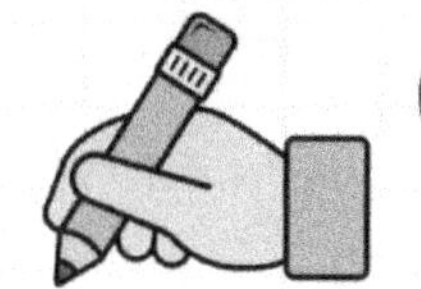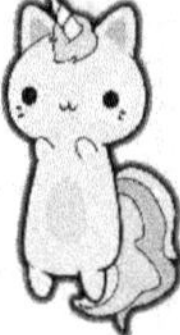

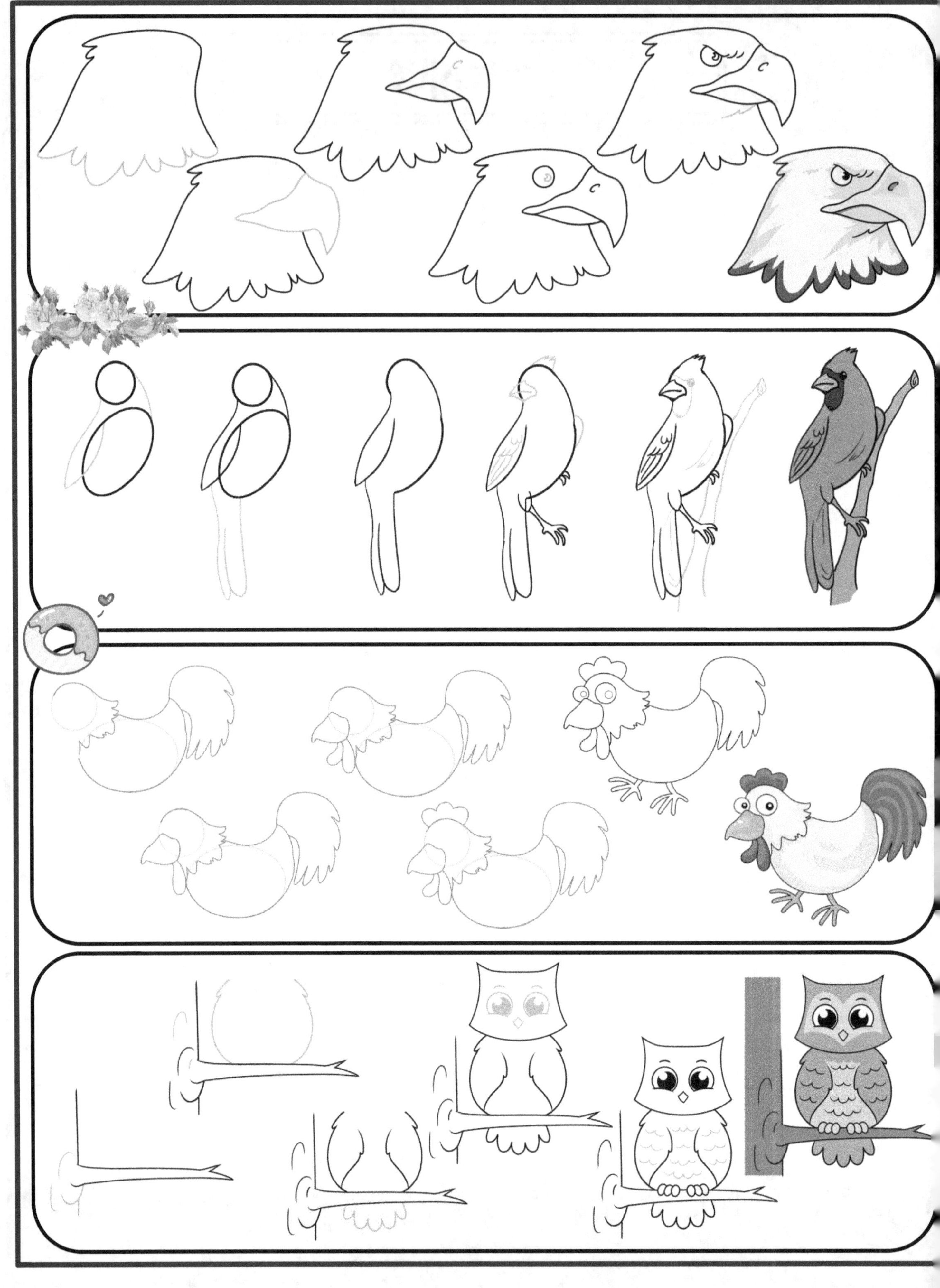

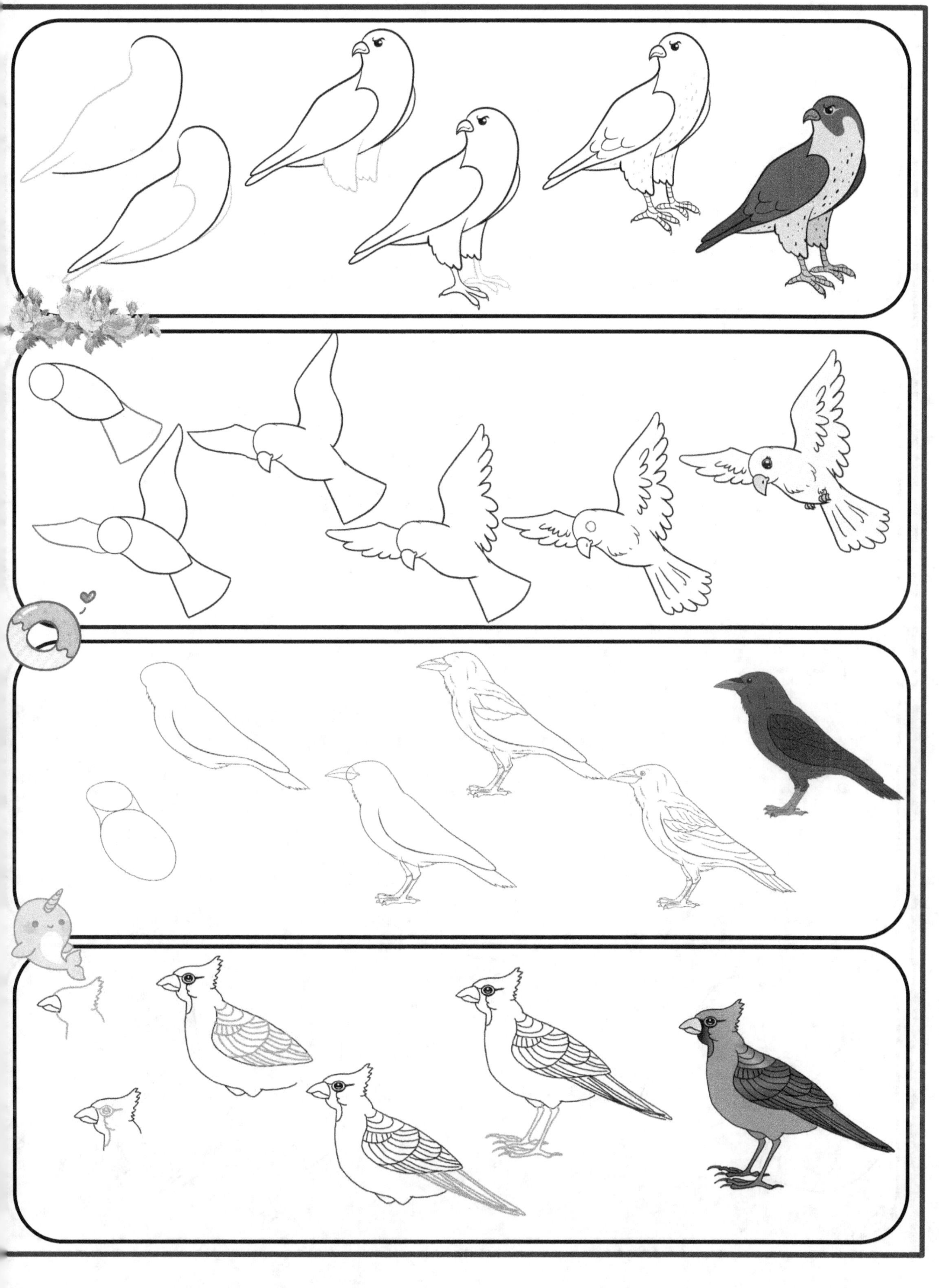

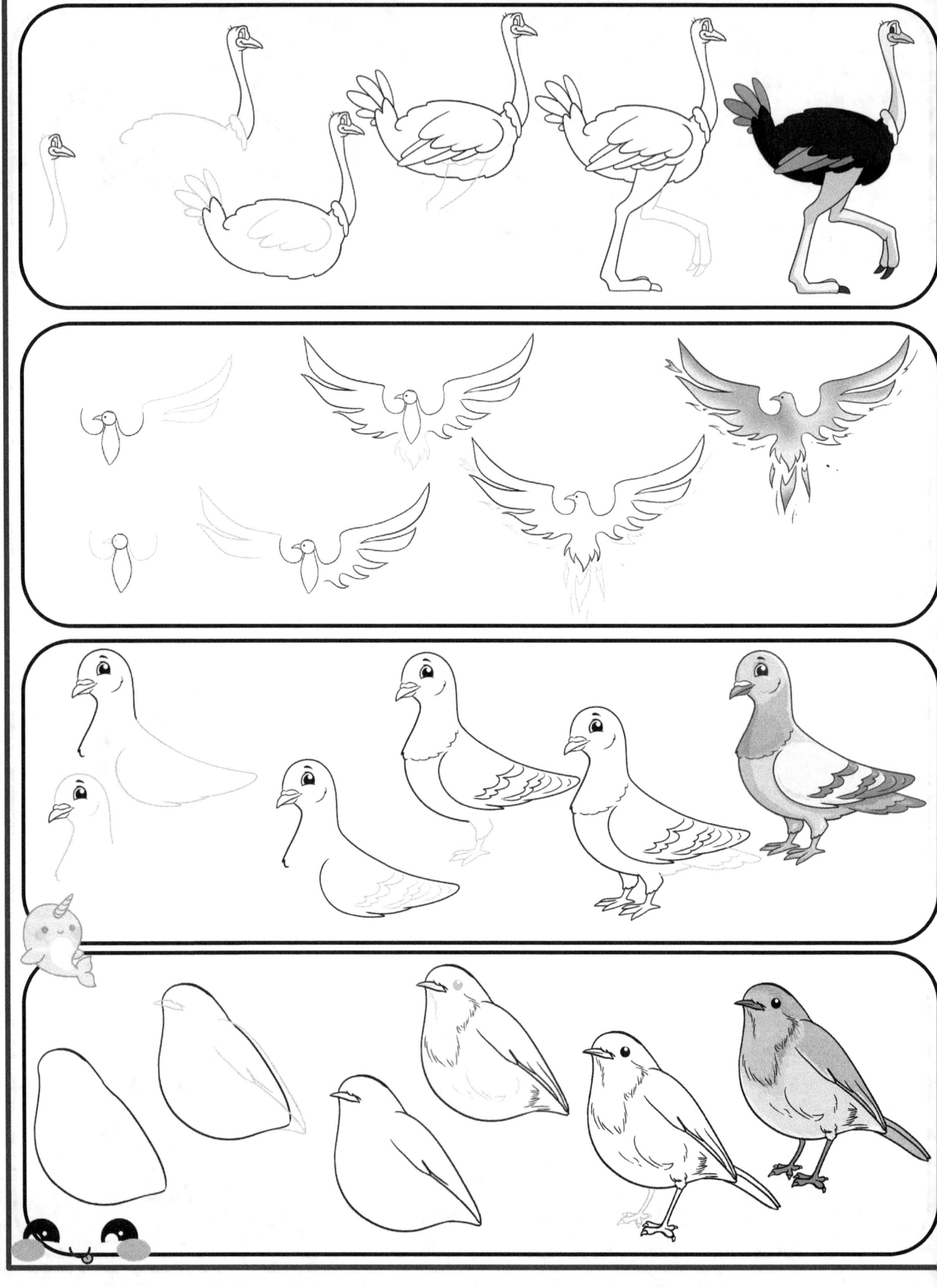

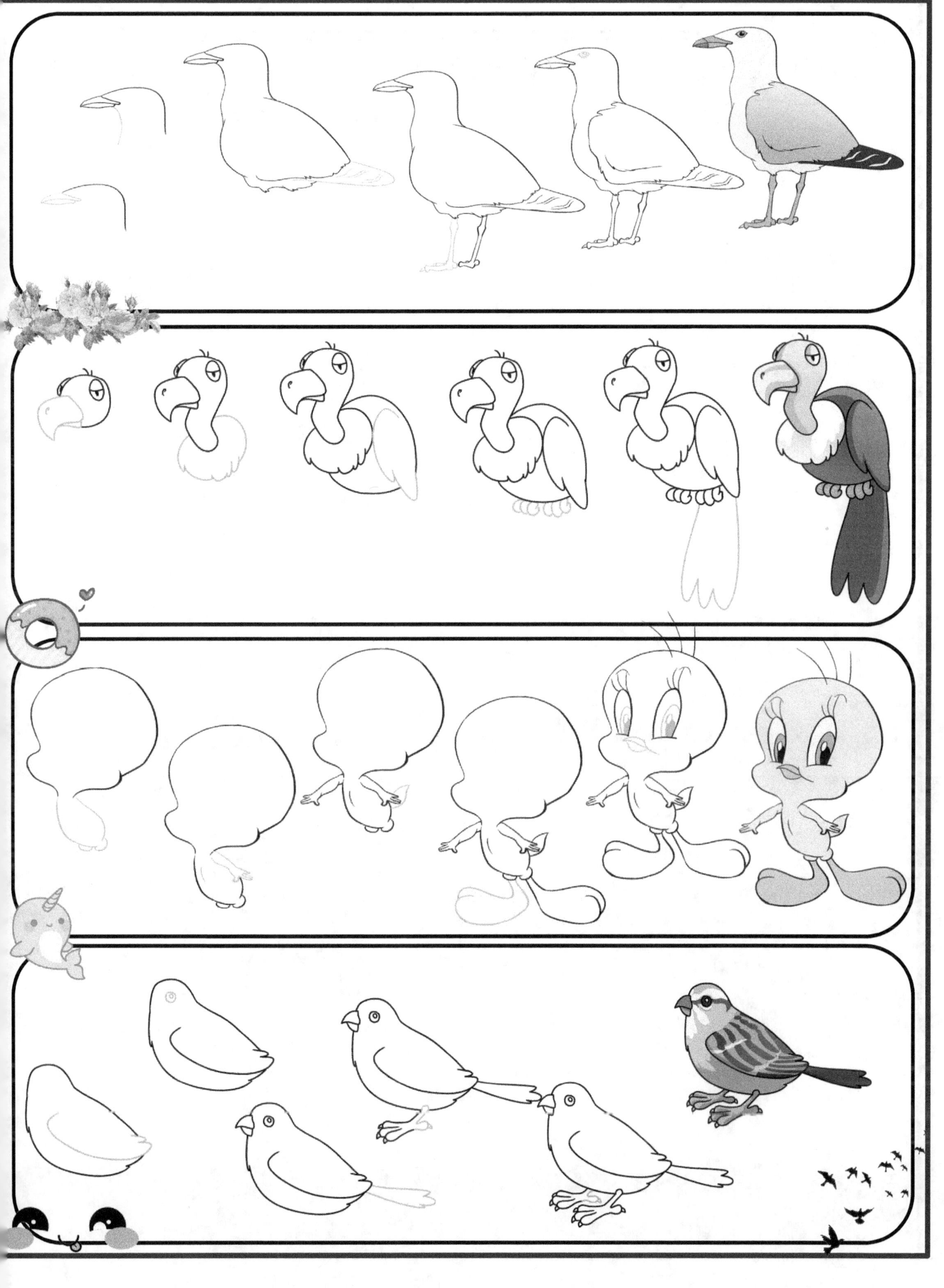

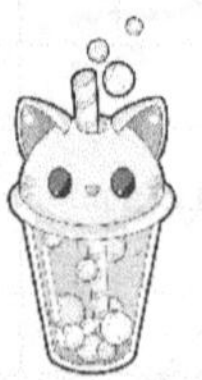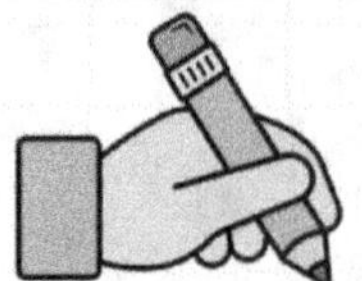

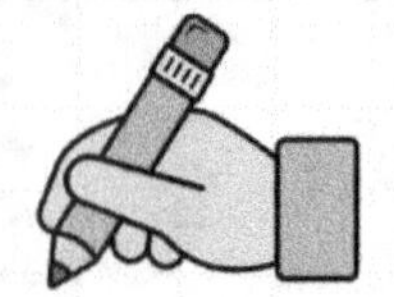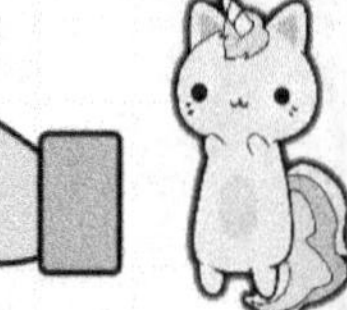

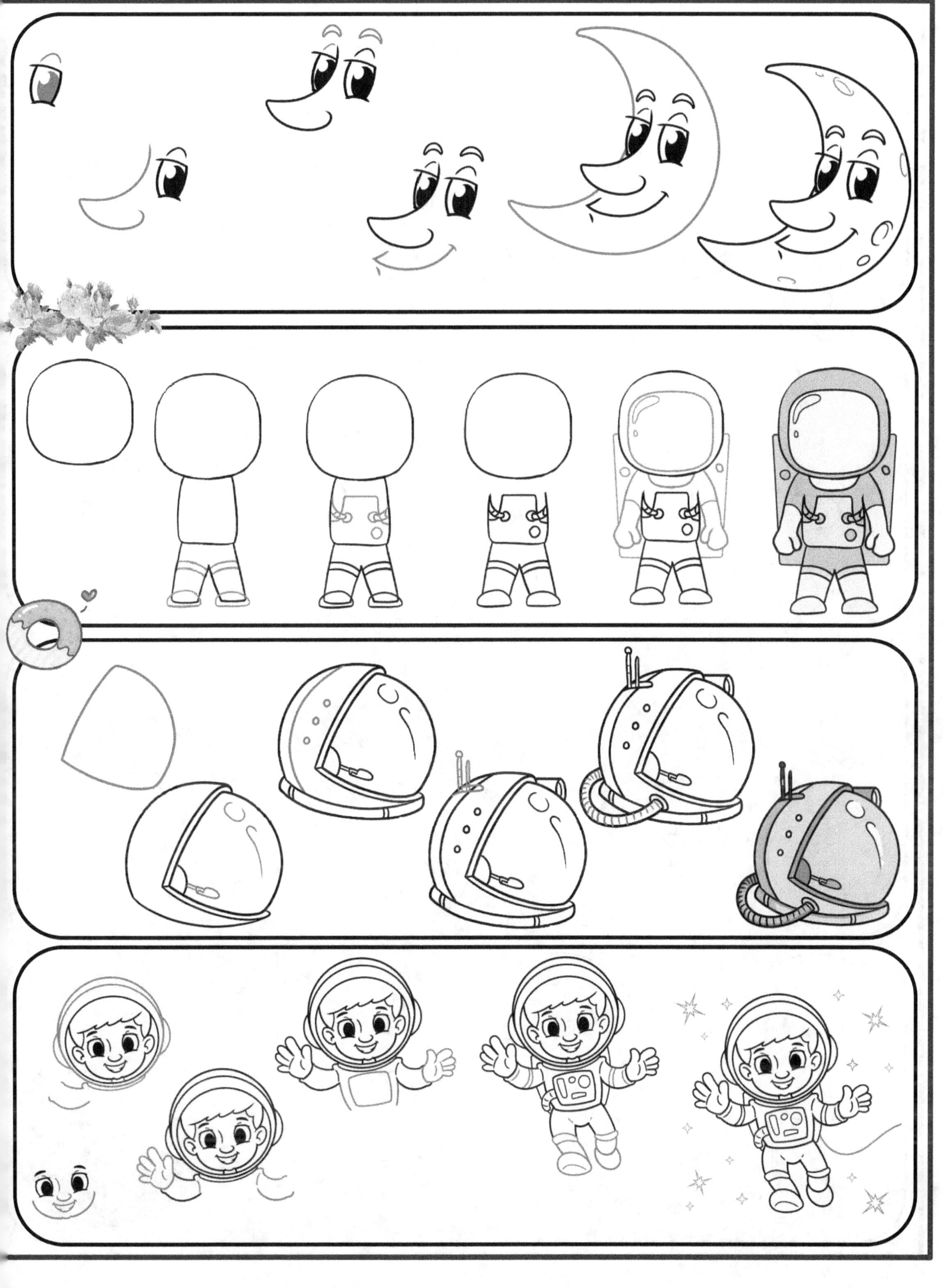

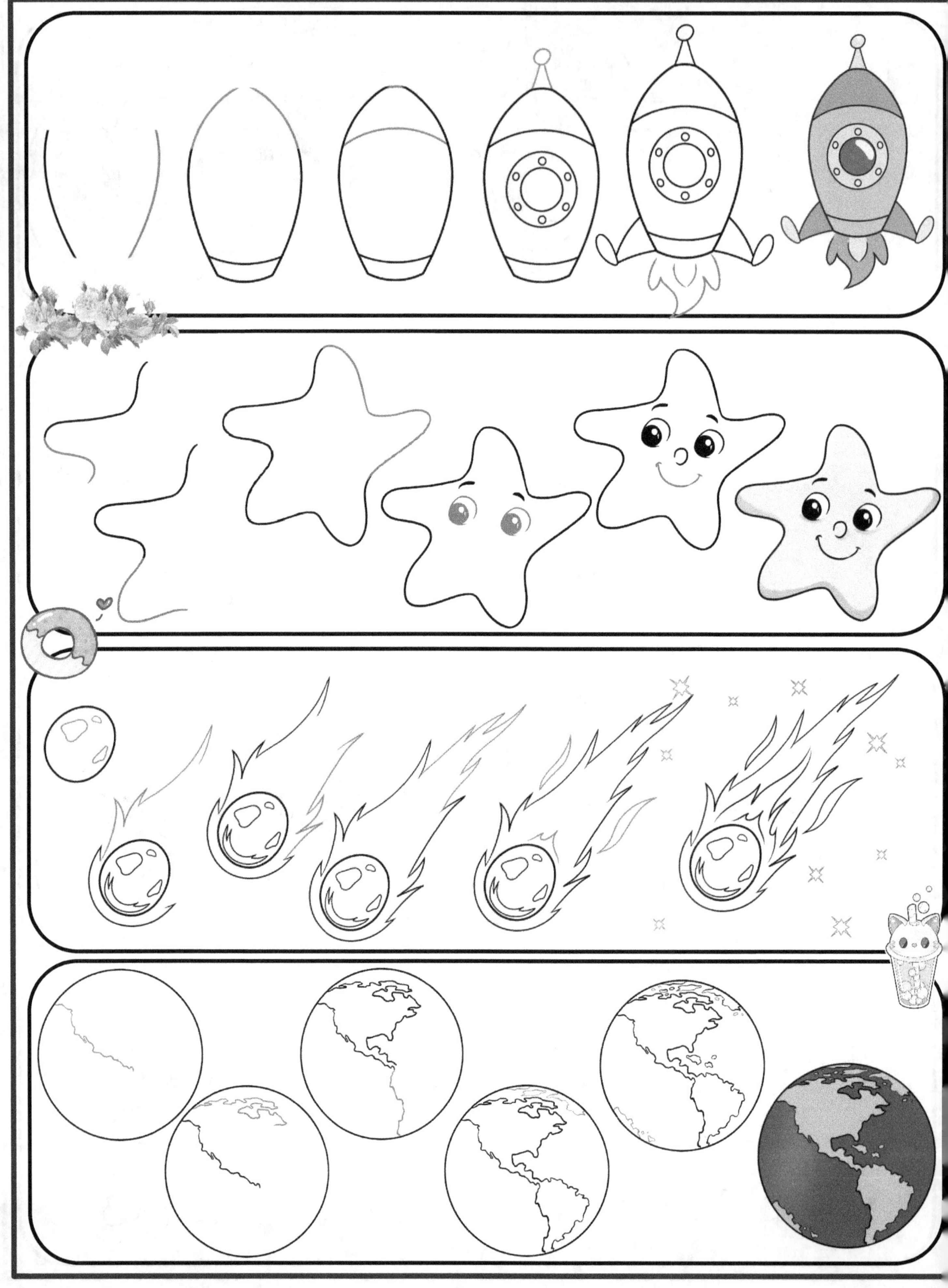

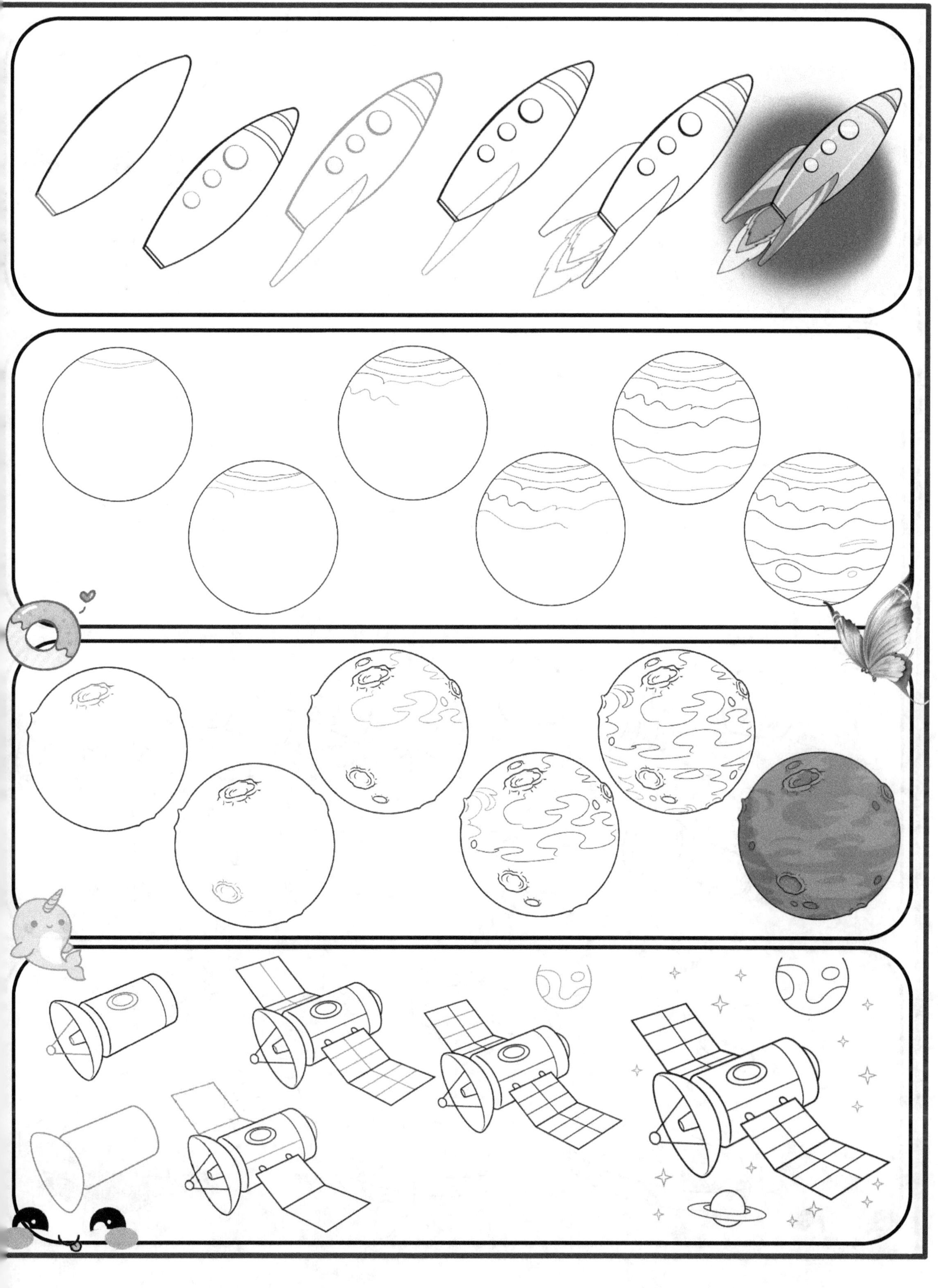

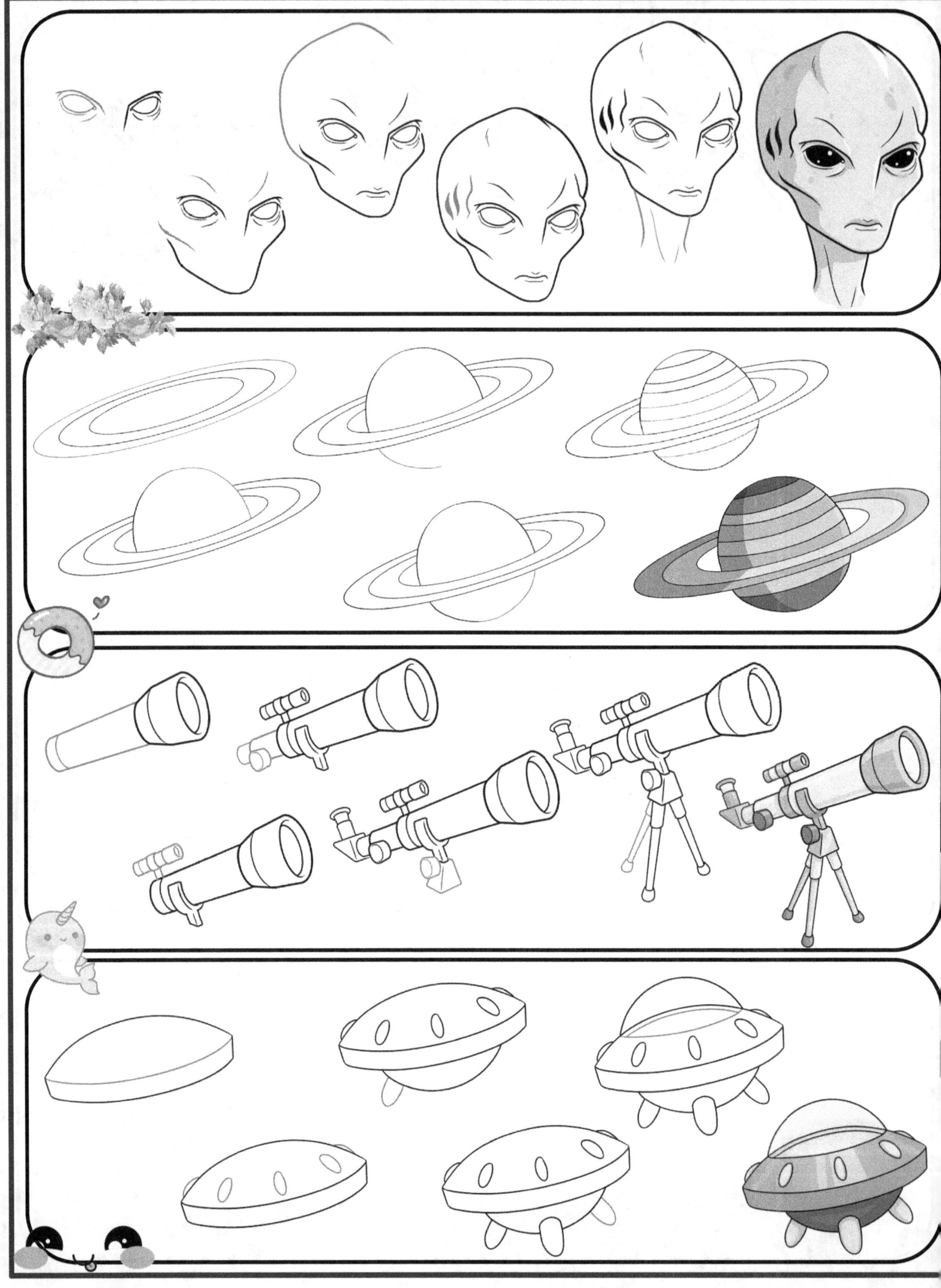

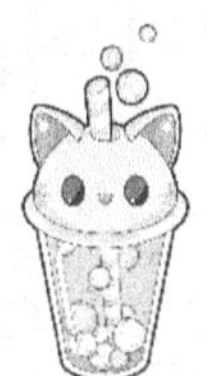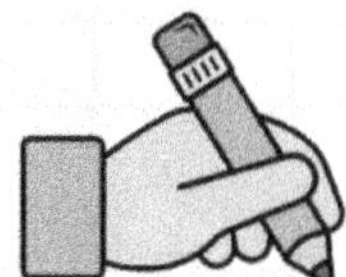

pratique

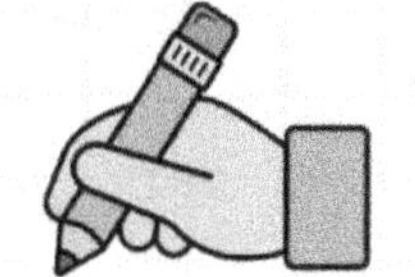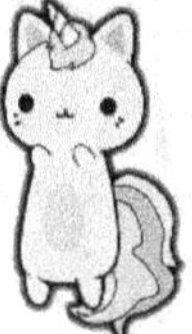

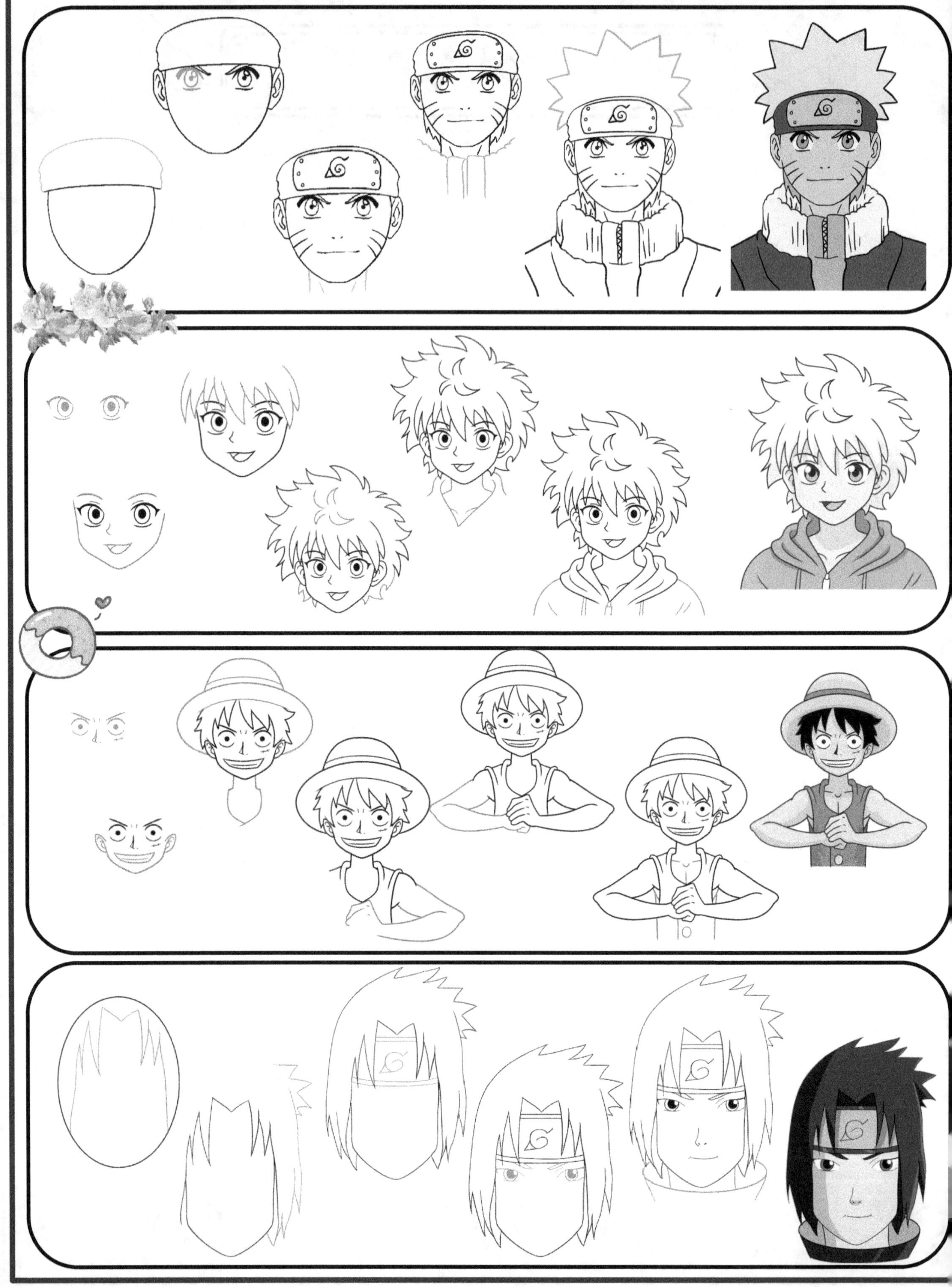

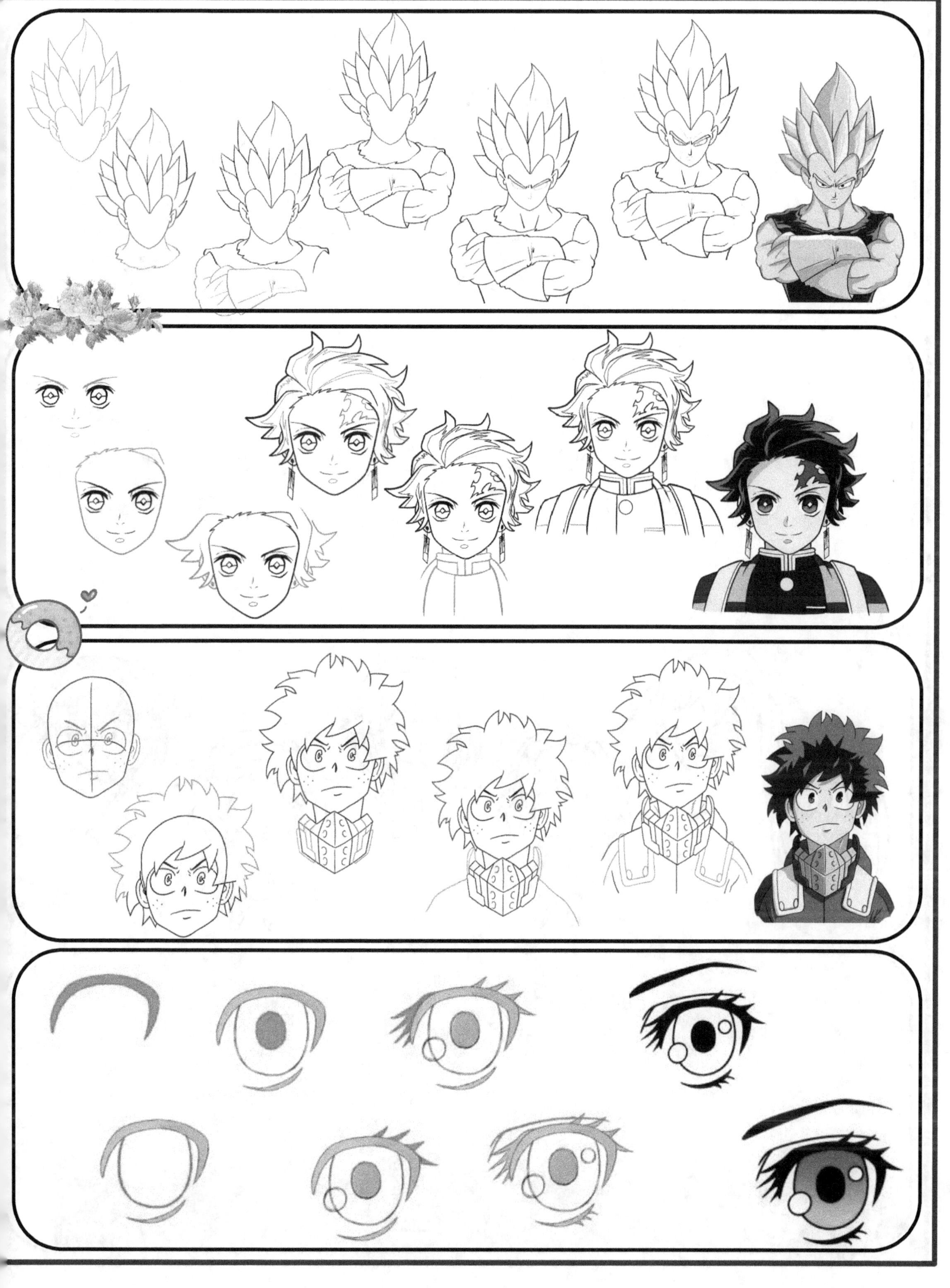

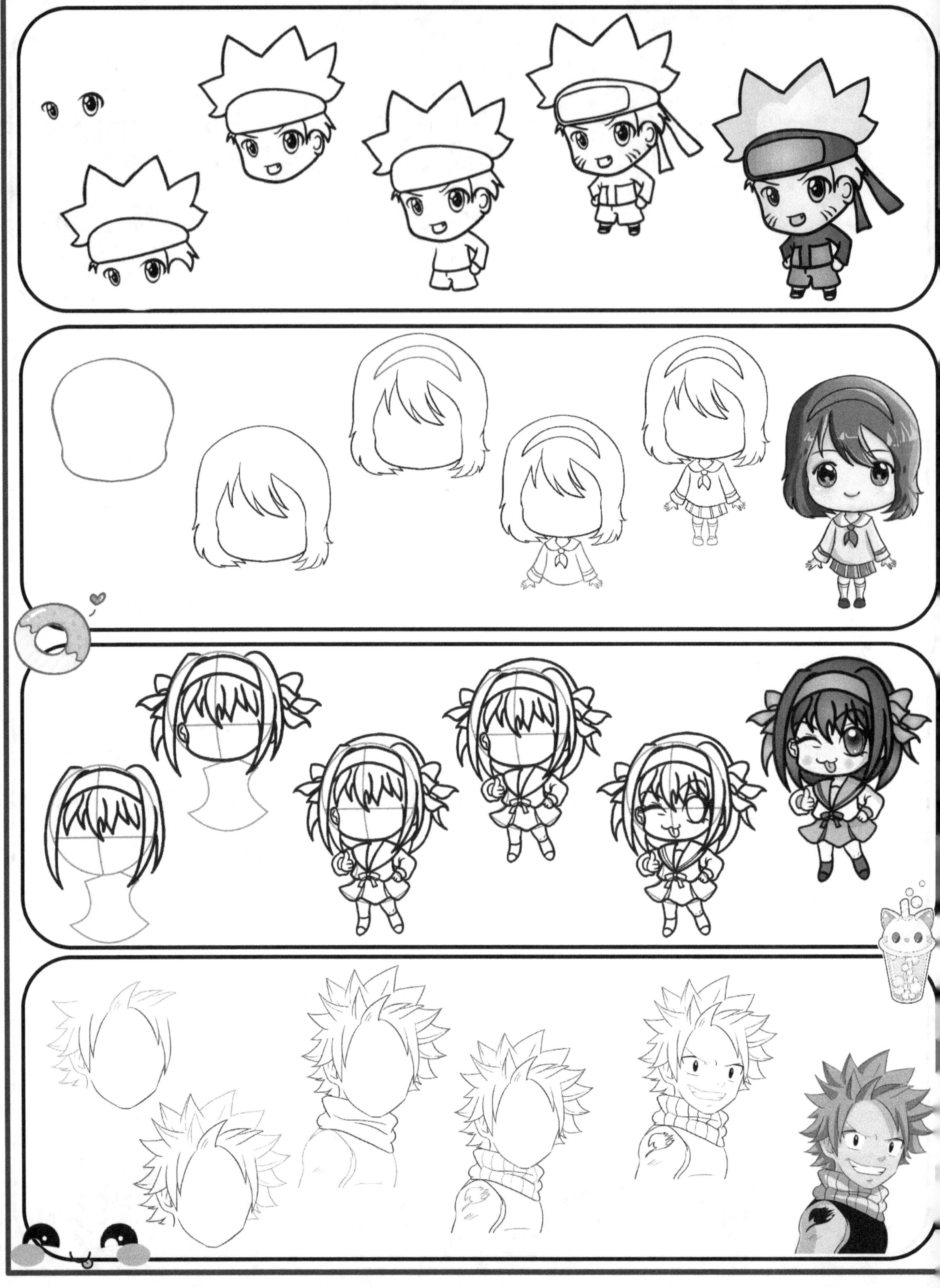

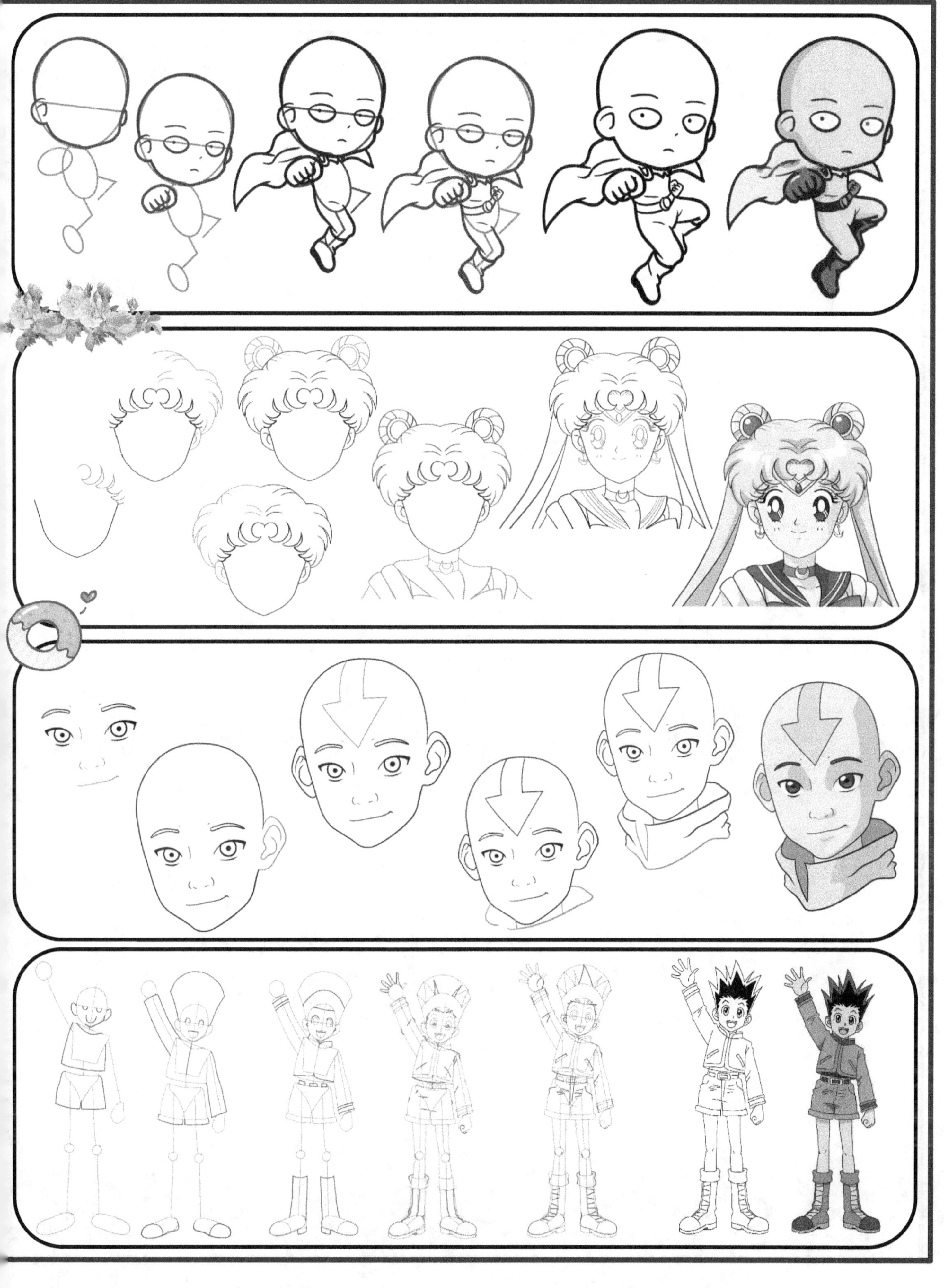

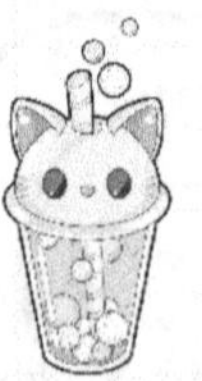
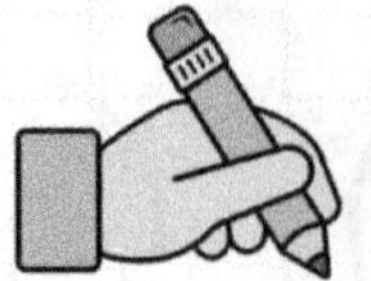
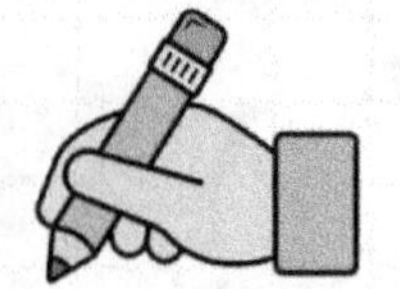
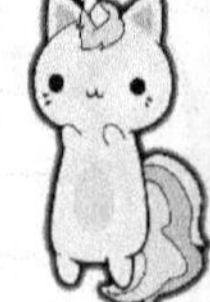

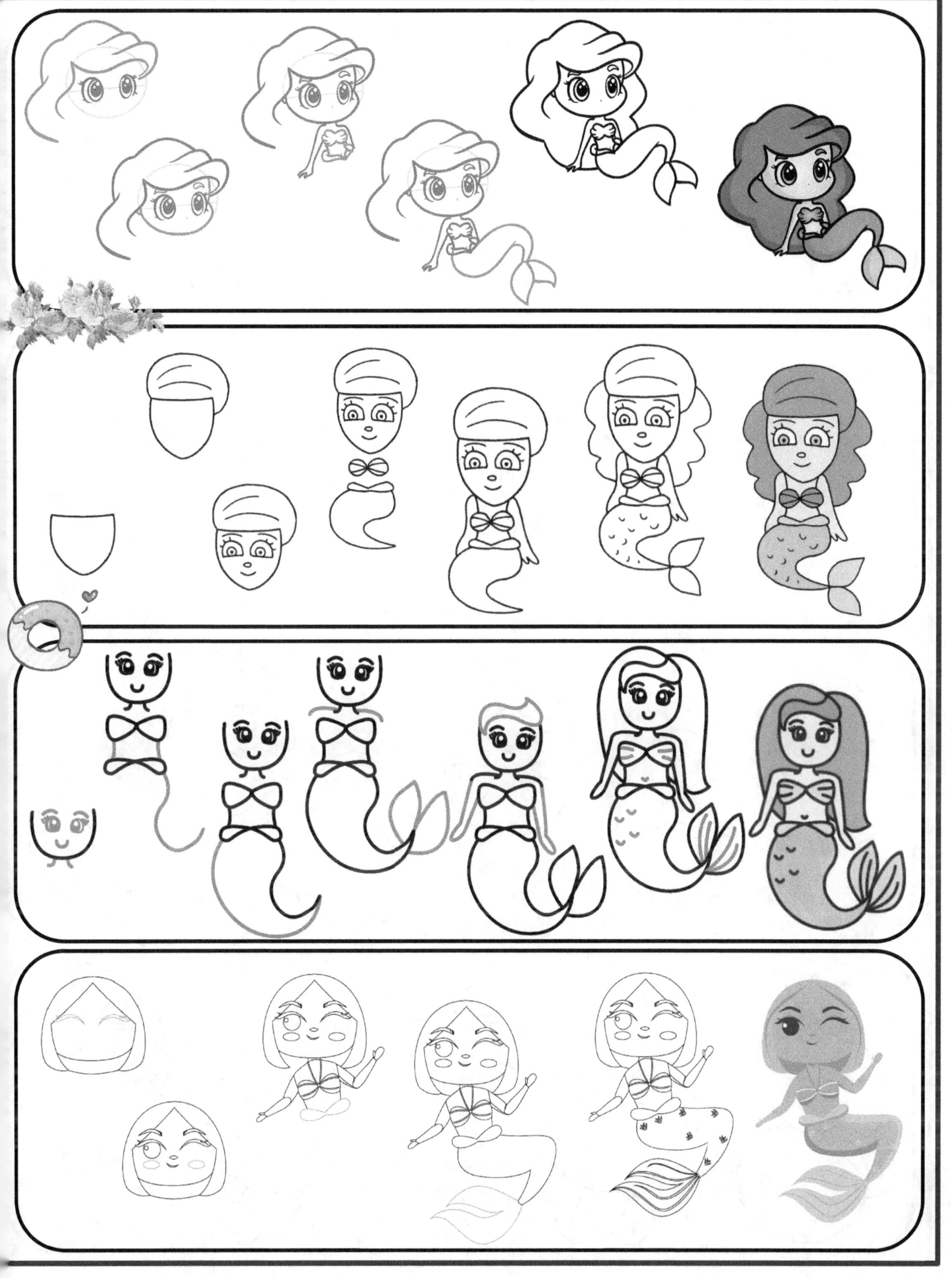

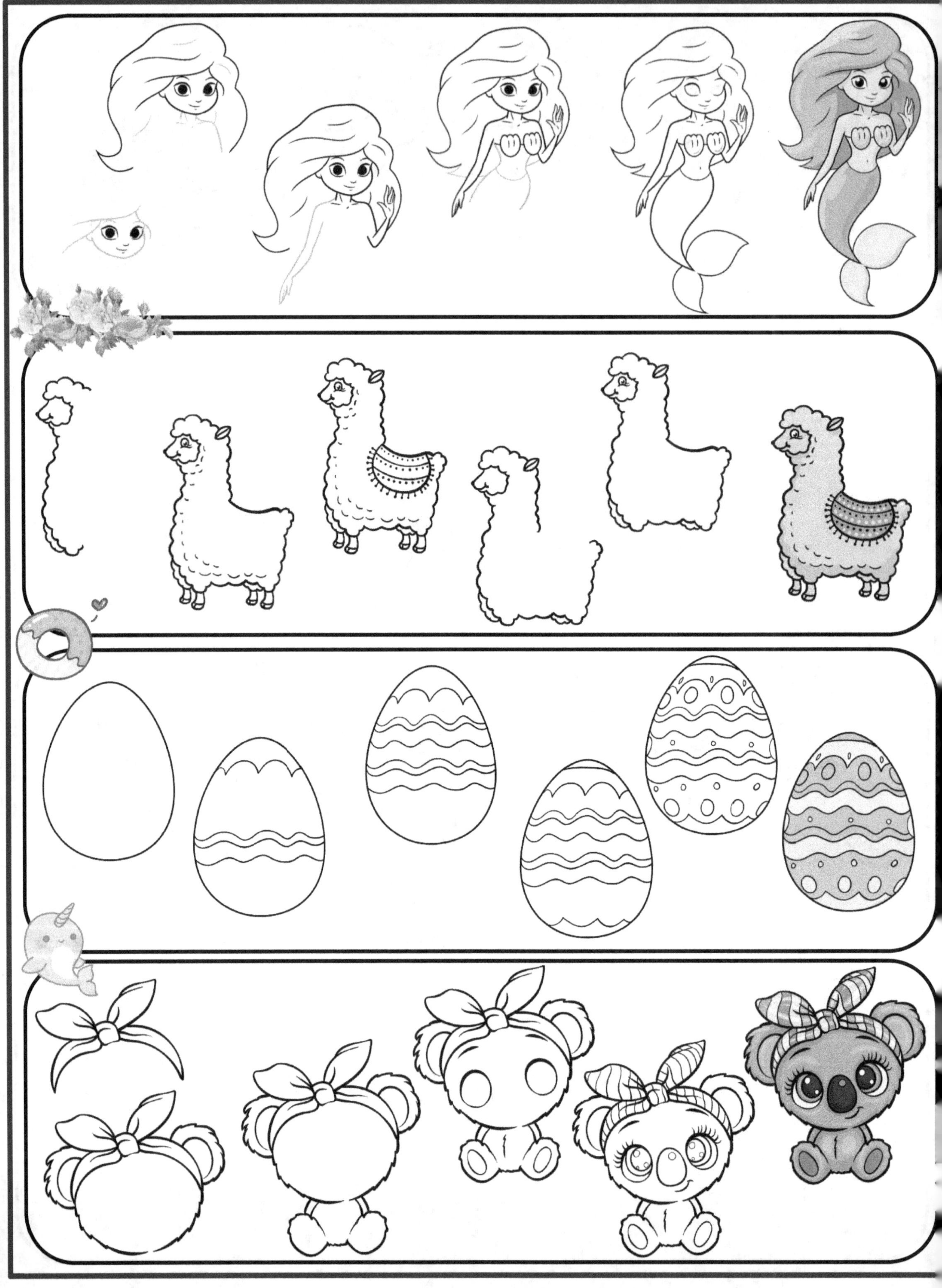

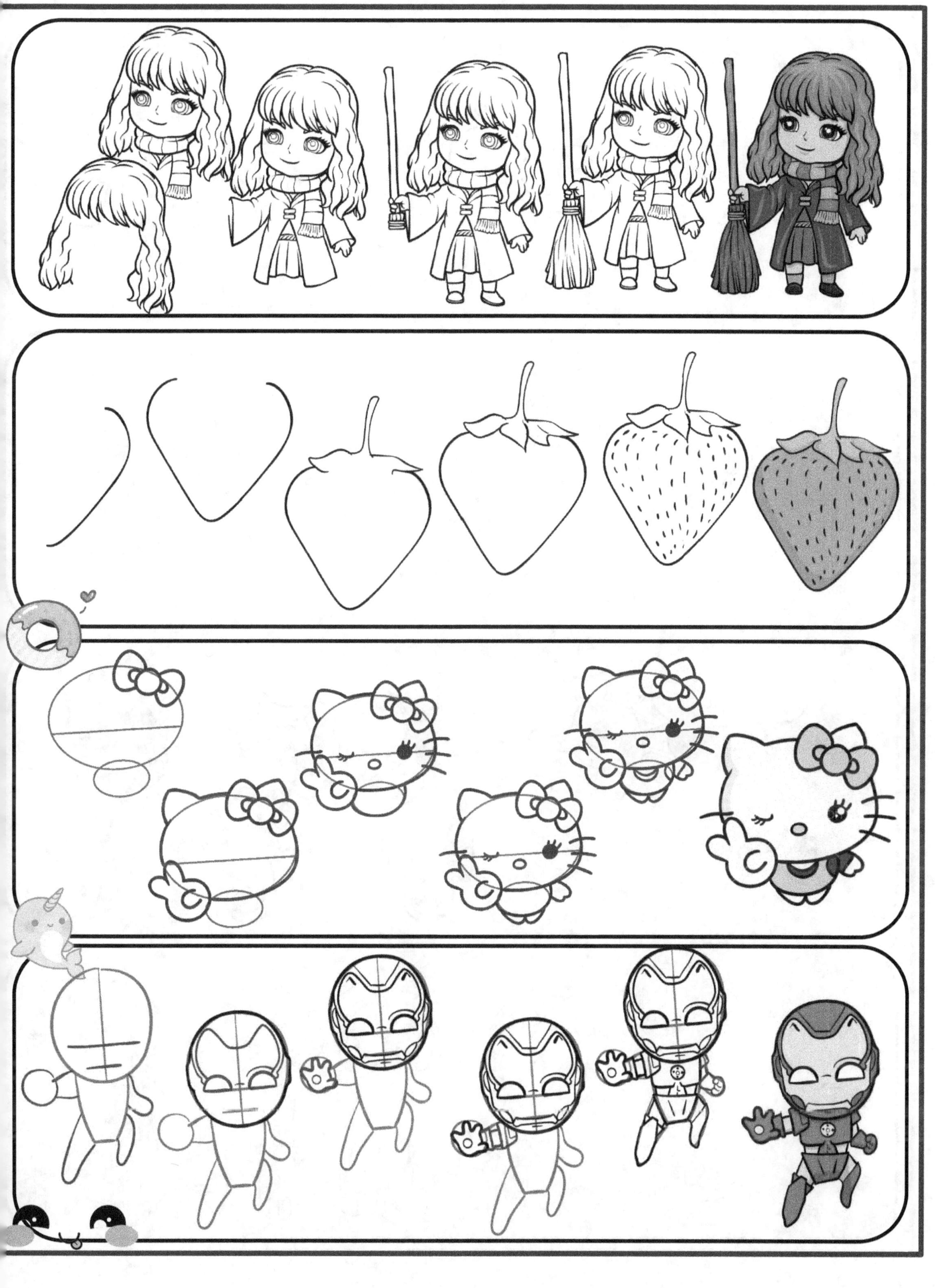

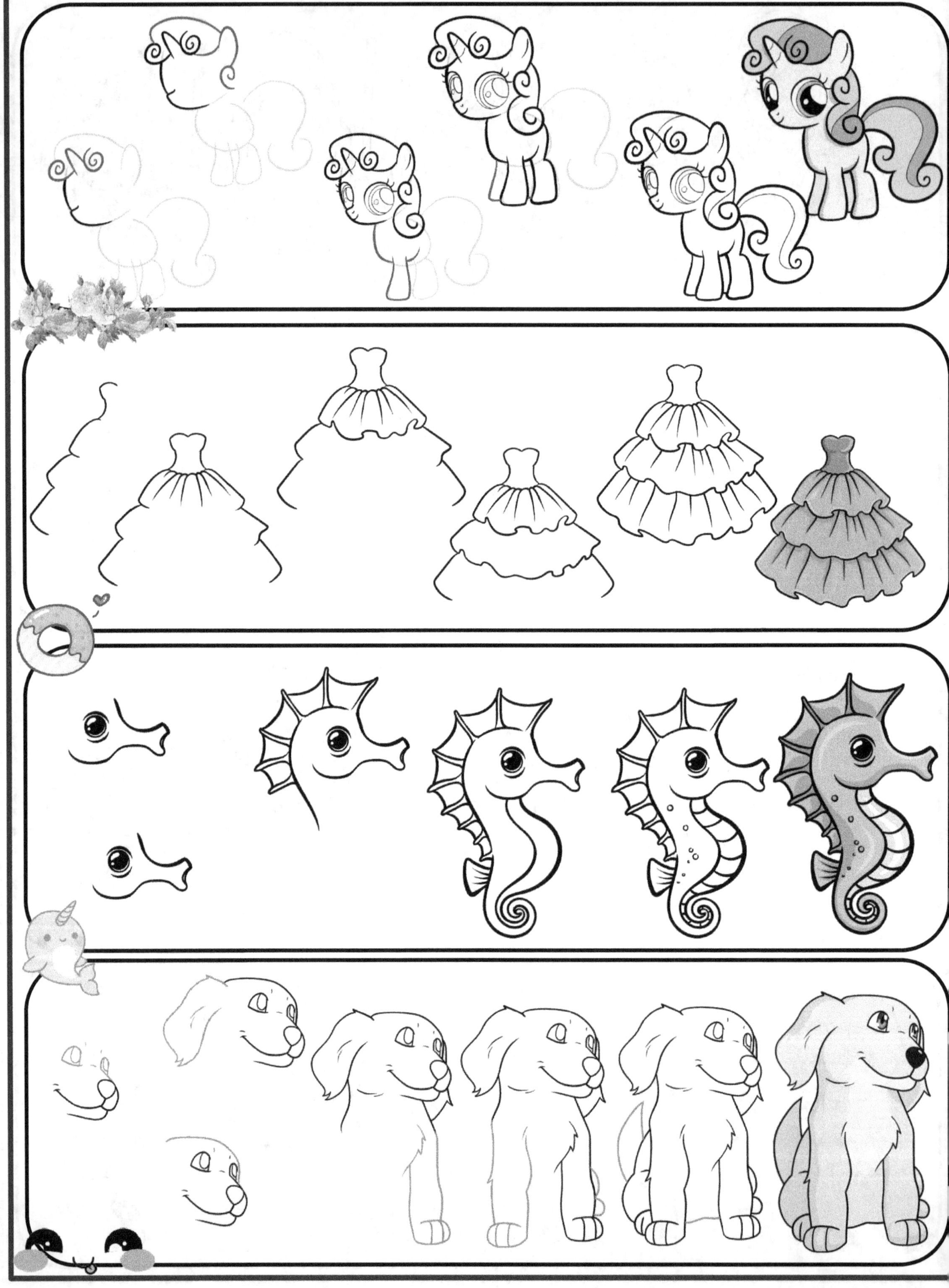

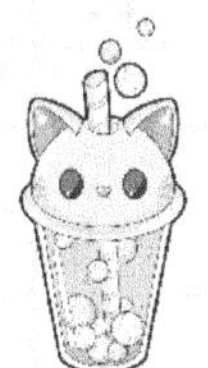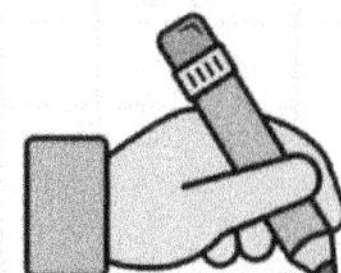

pratique

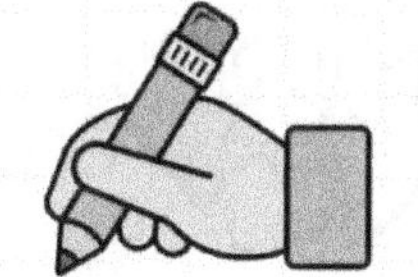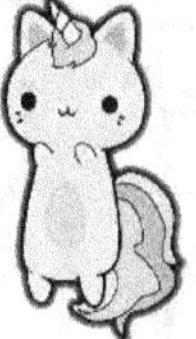

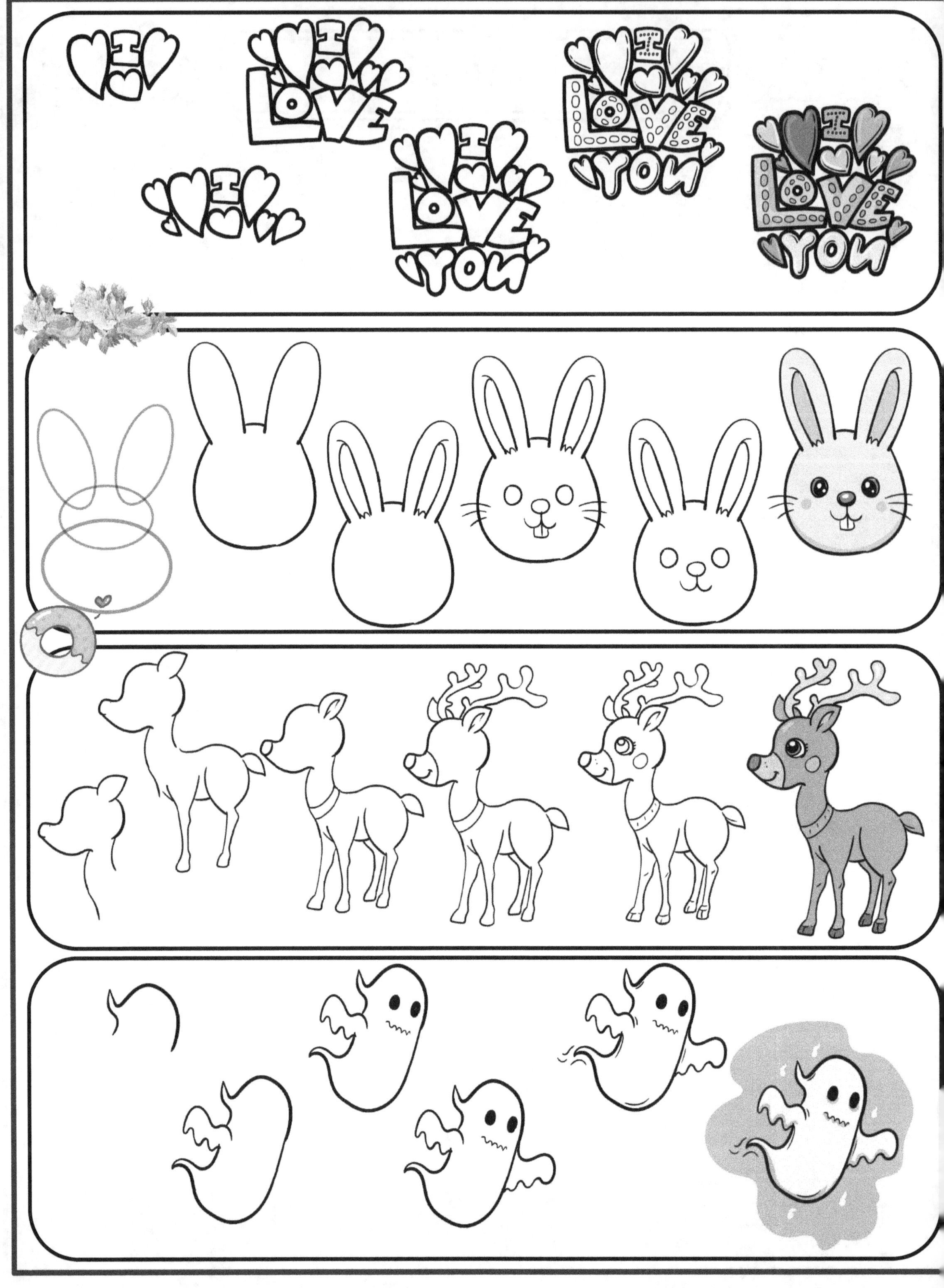

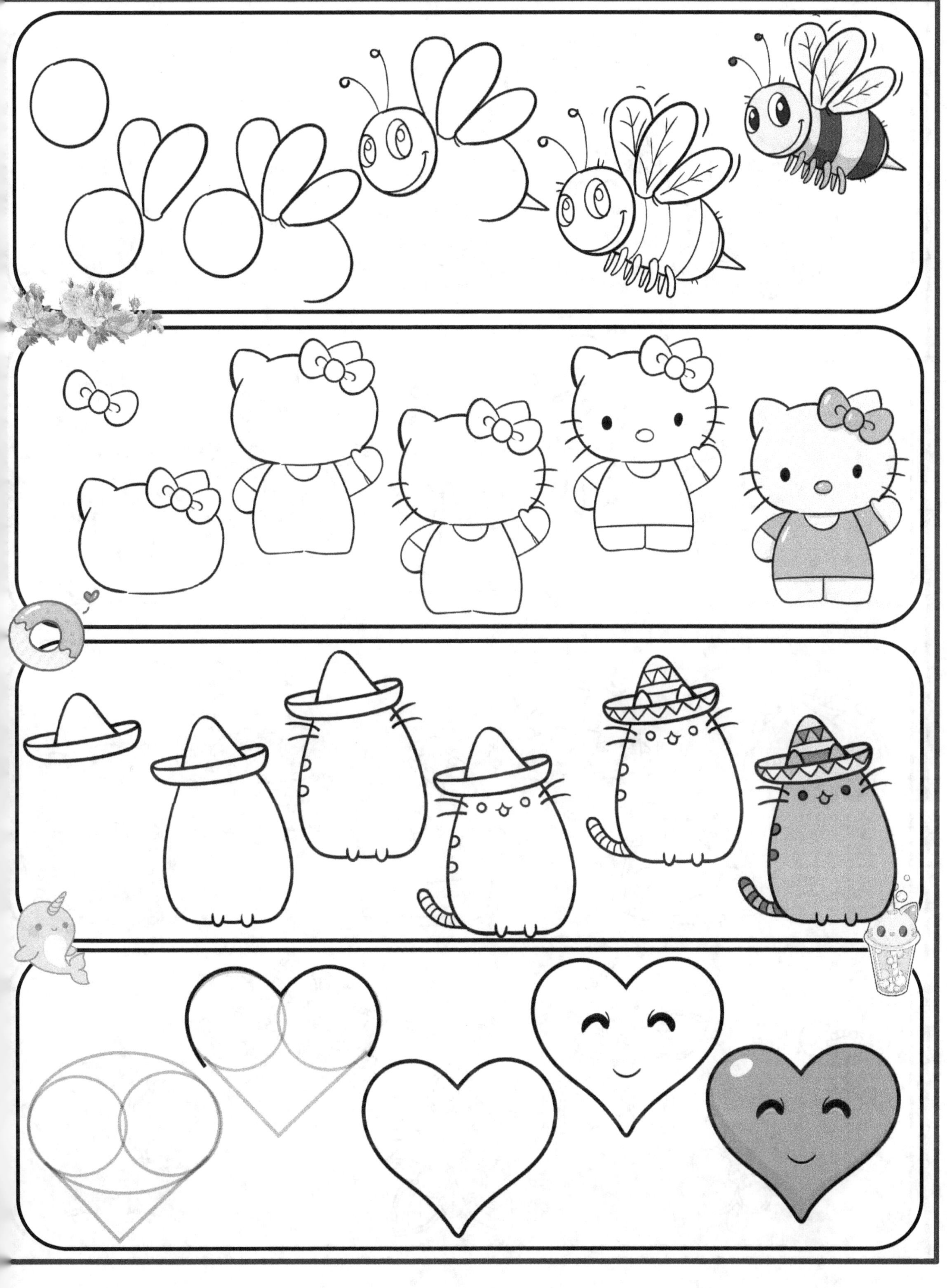

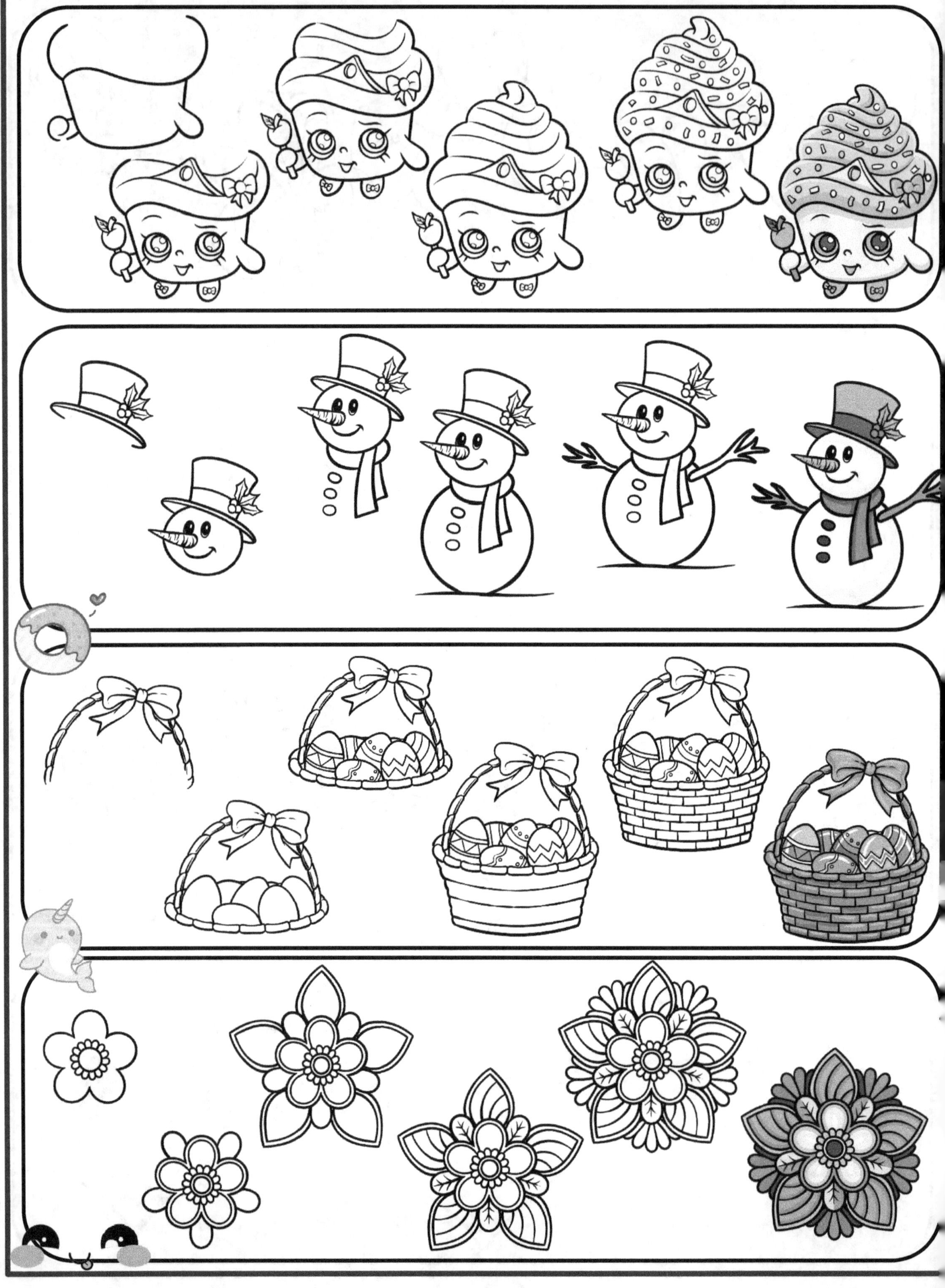

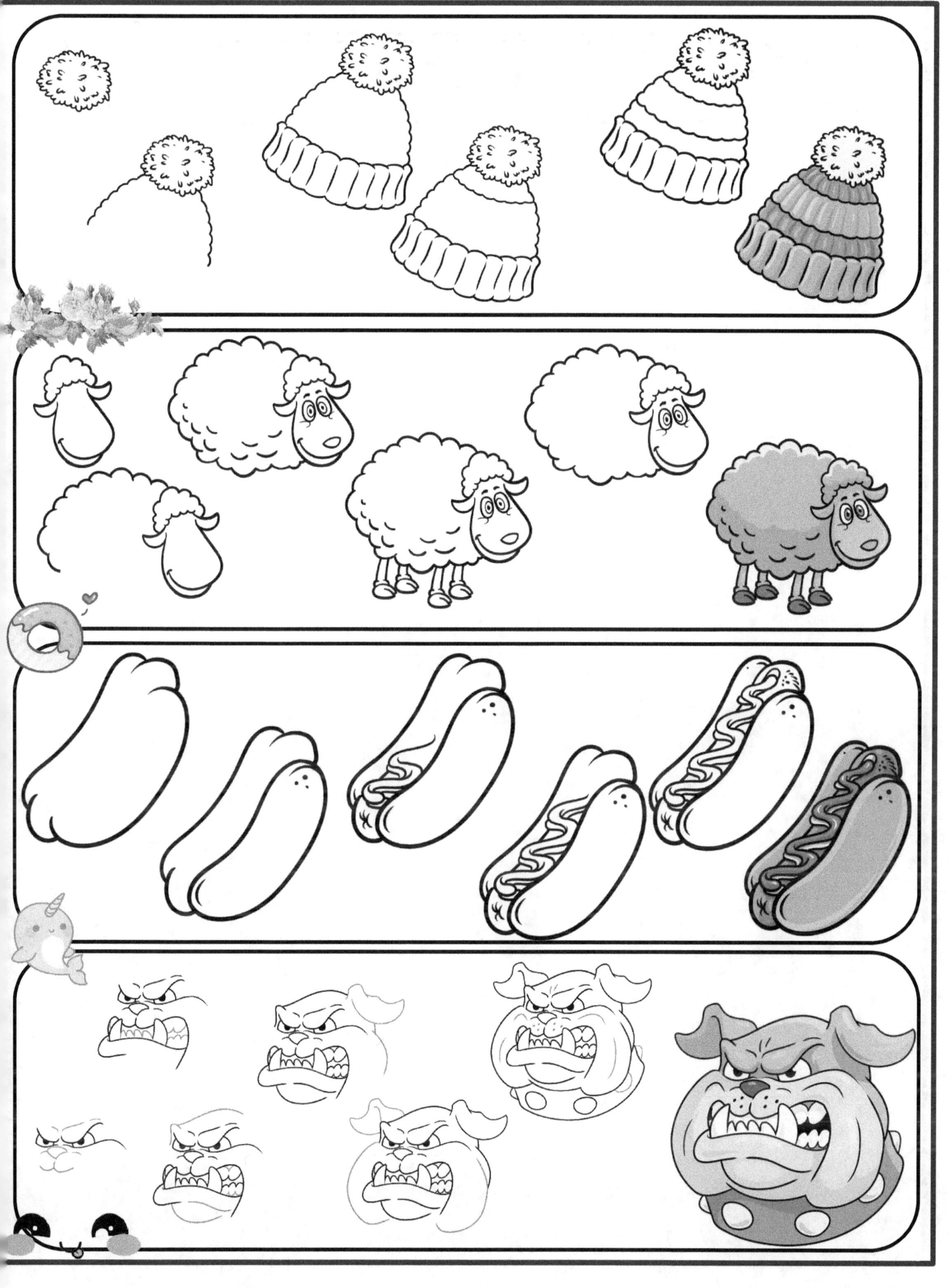

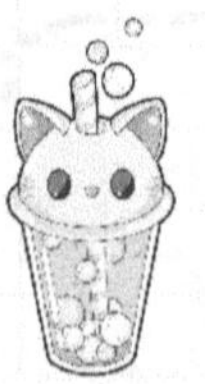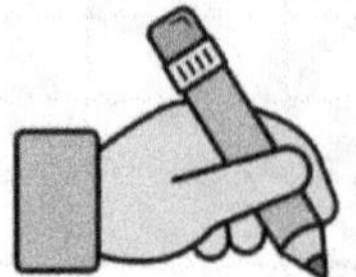

pratique

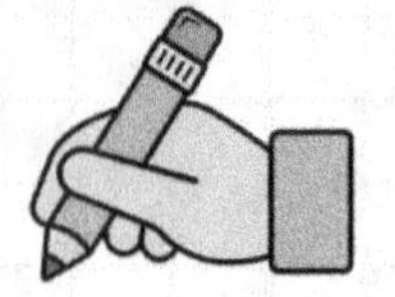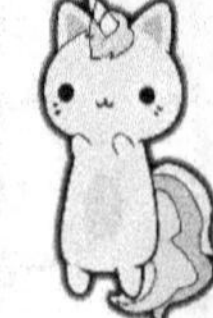

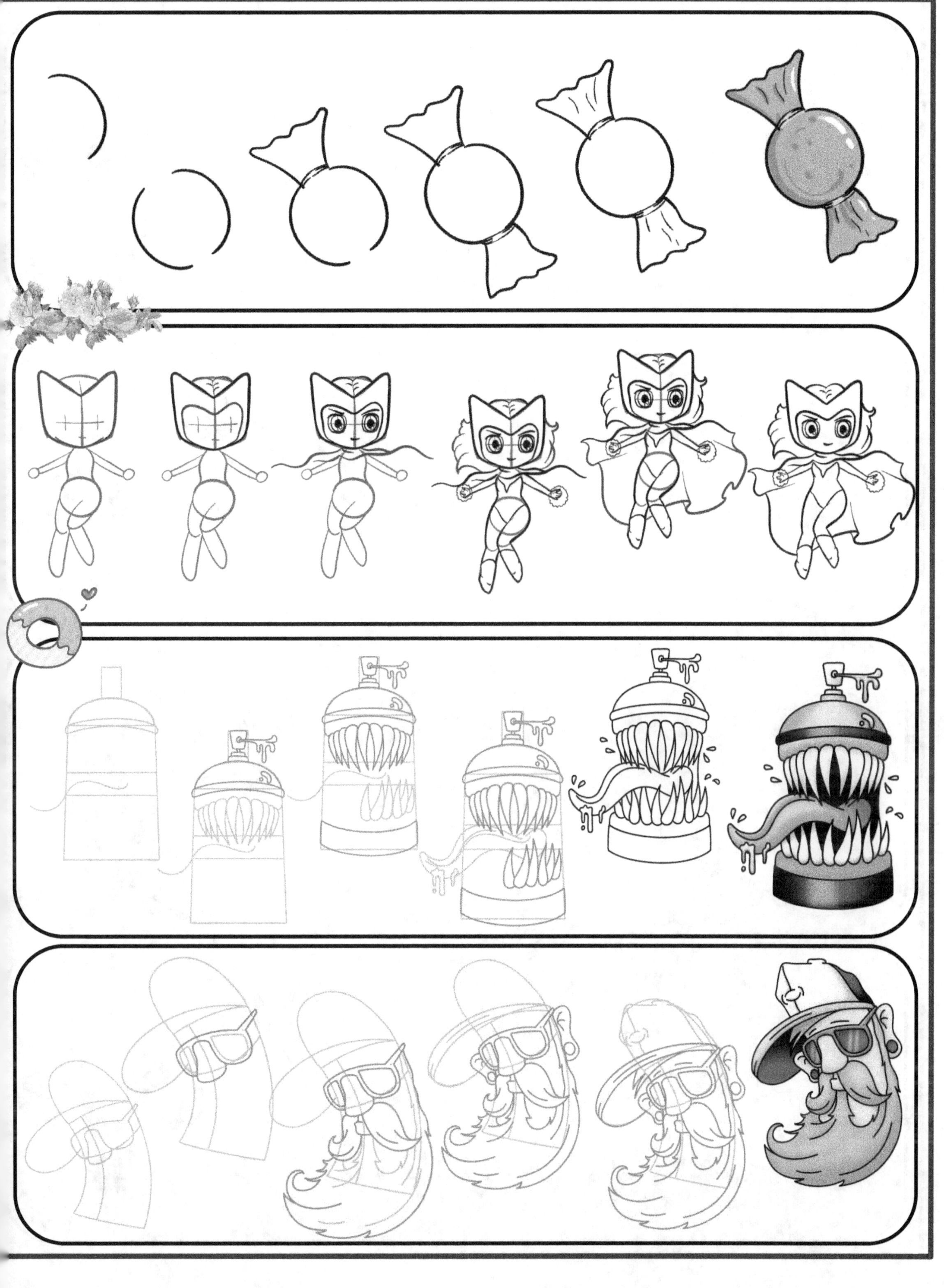

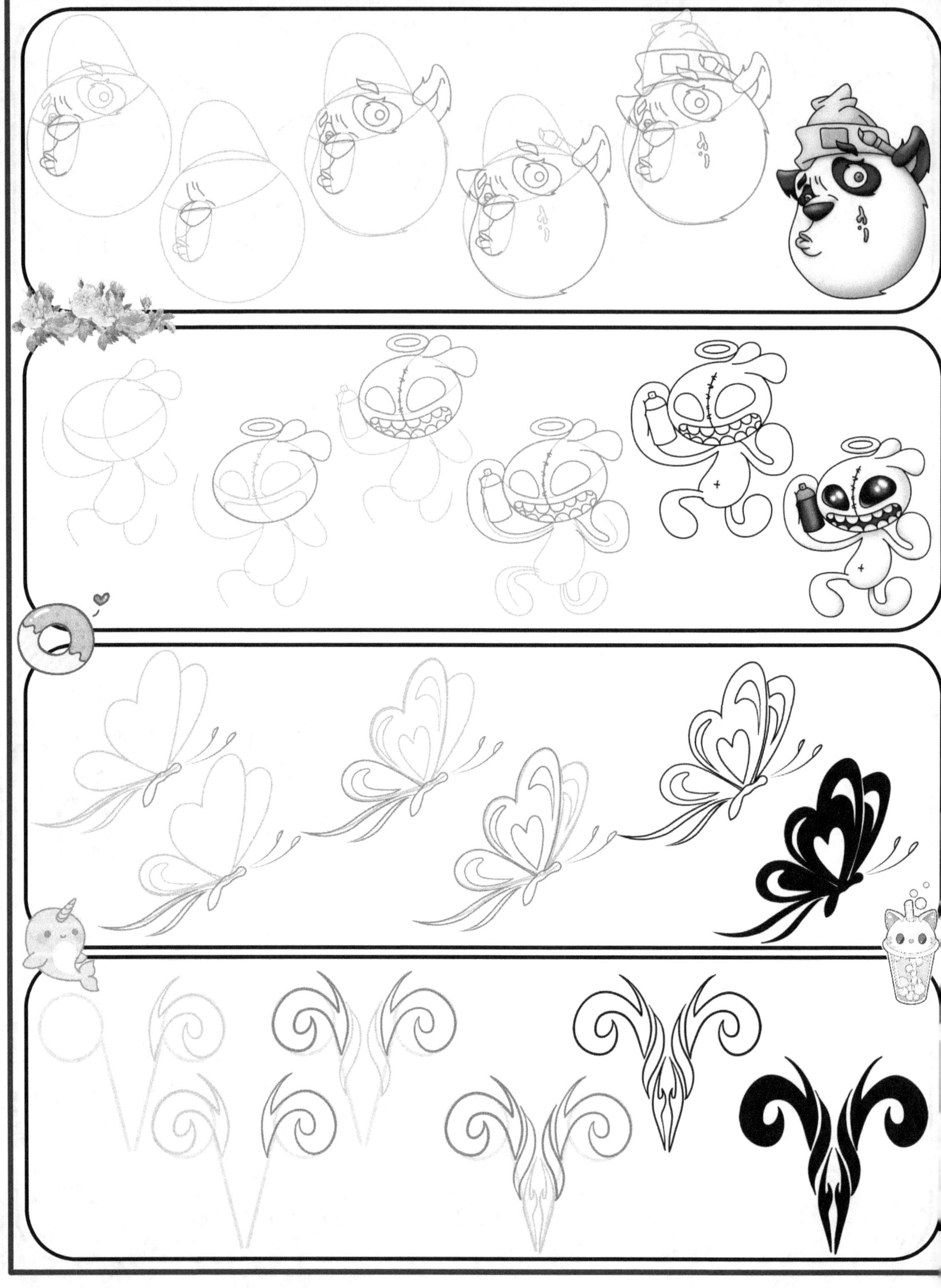

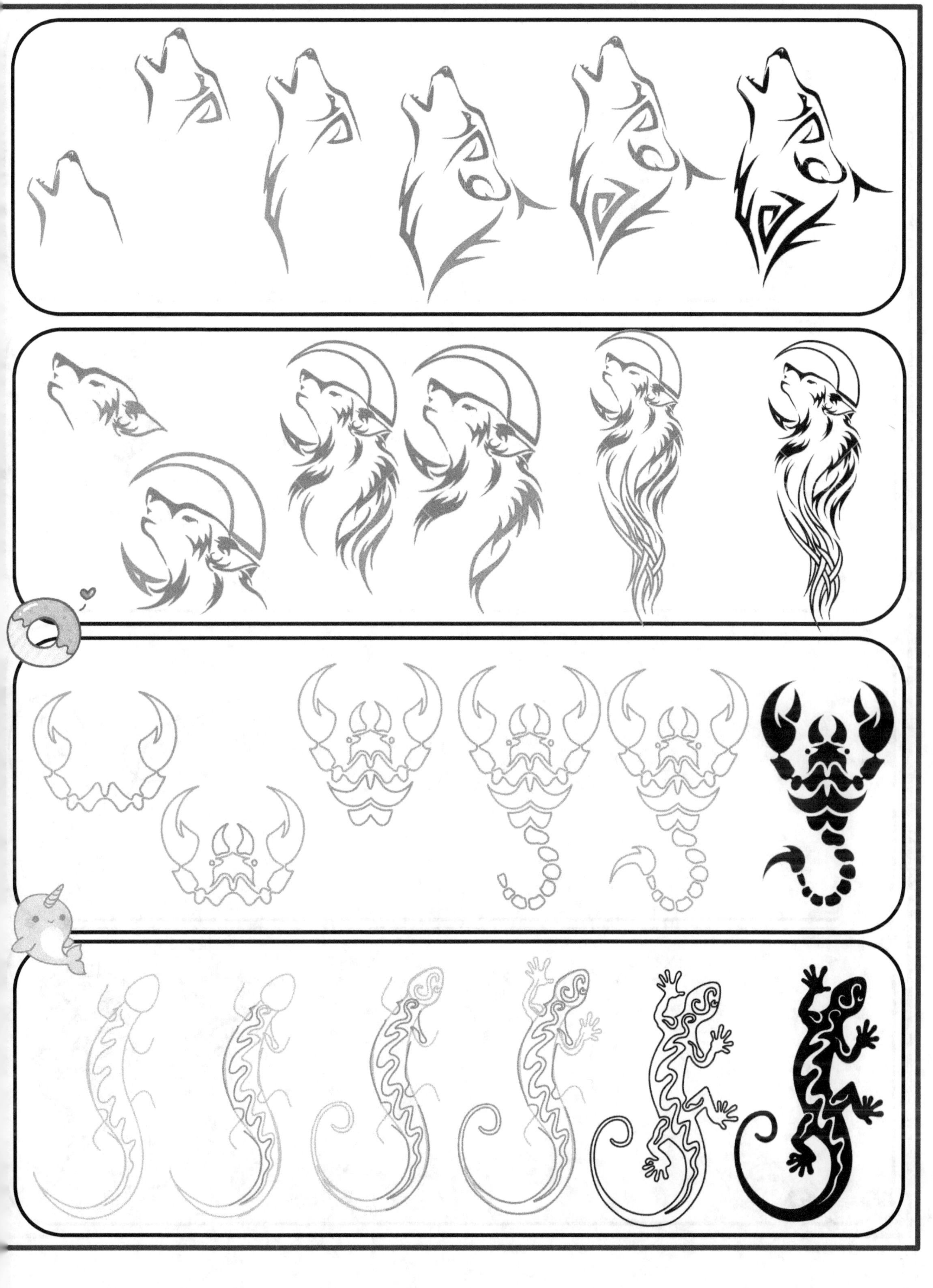

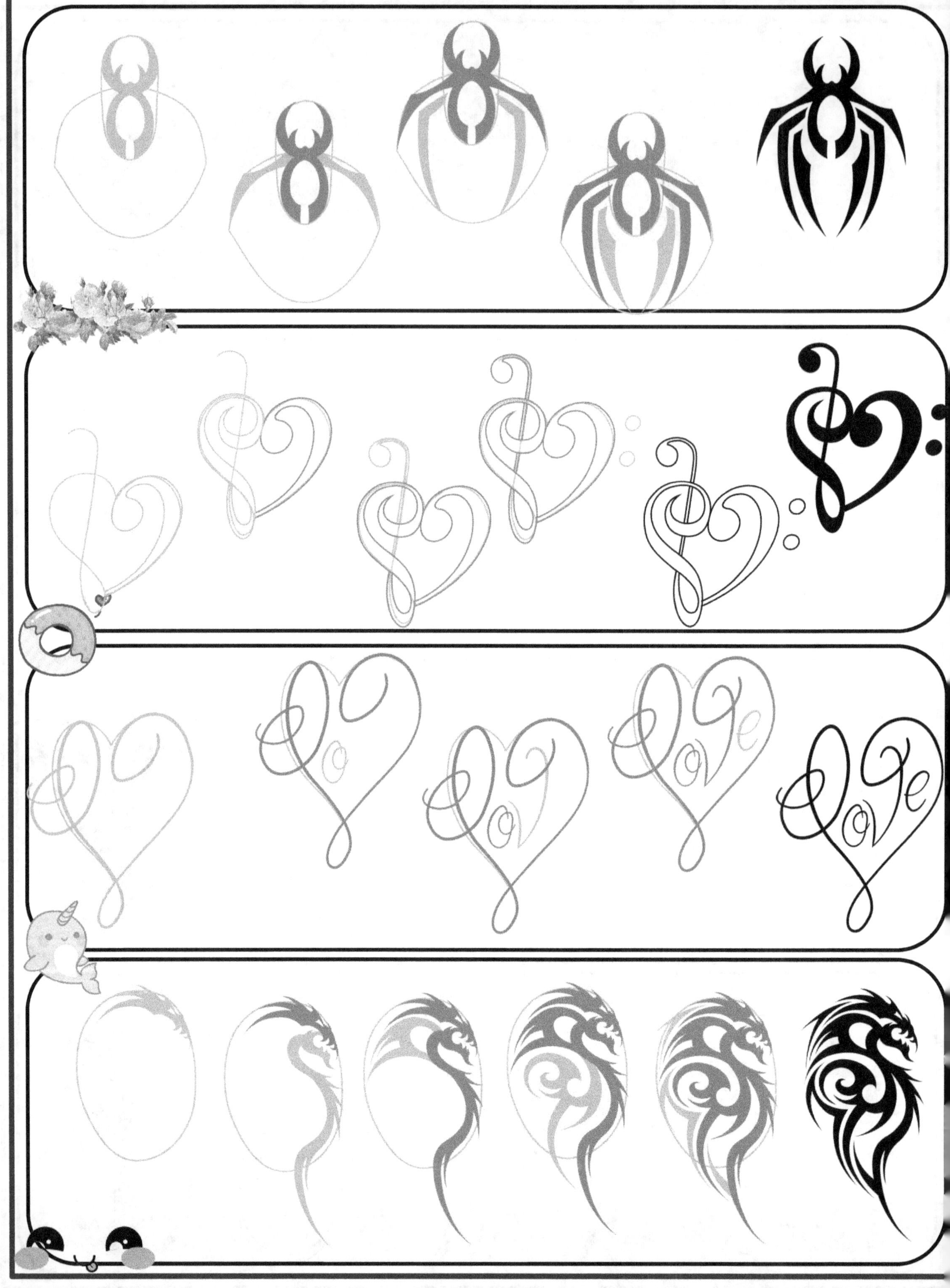

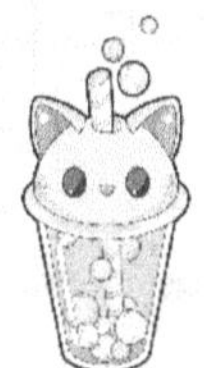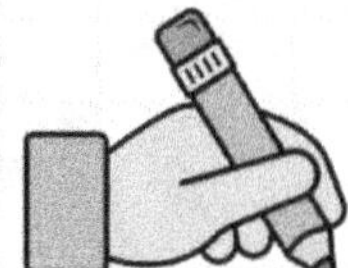

pratique

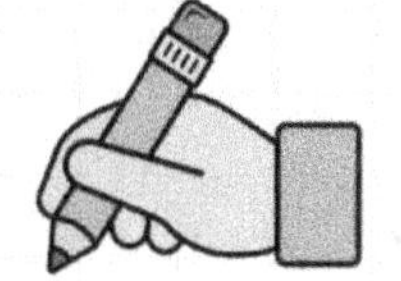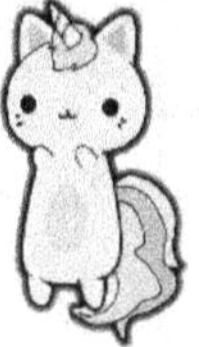

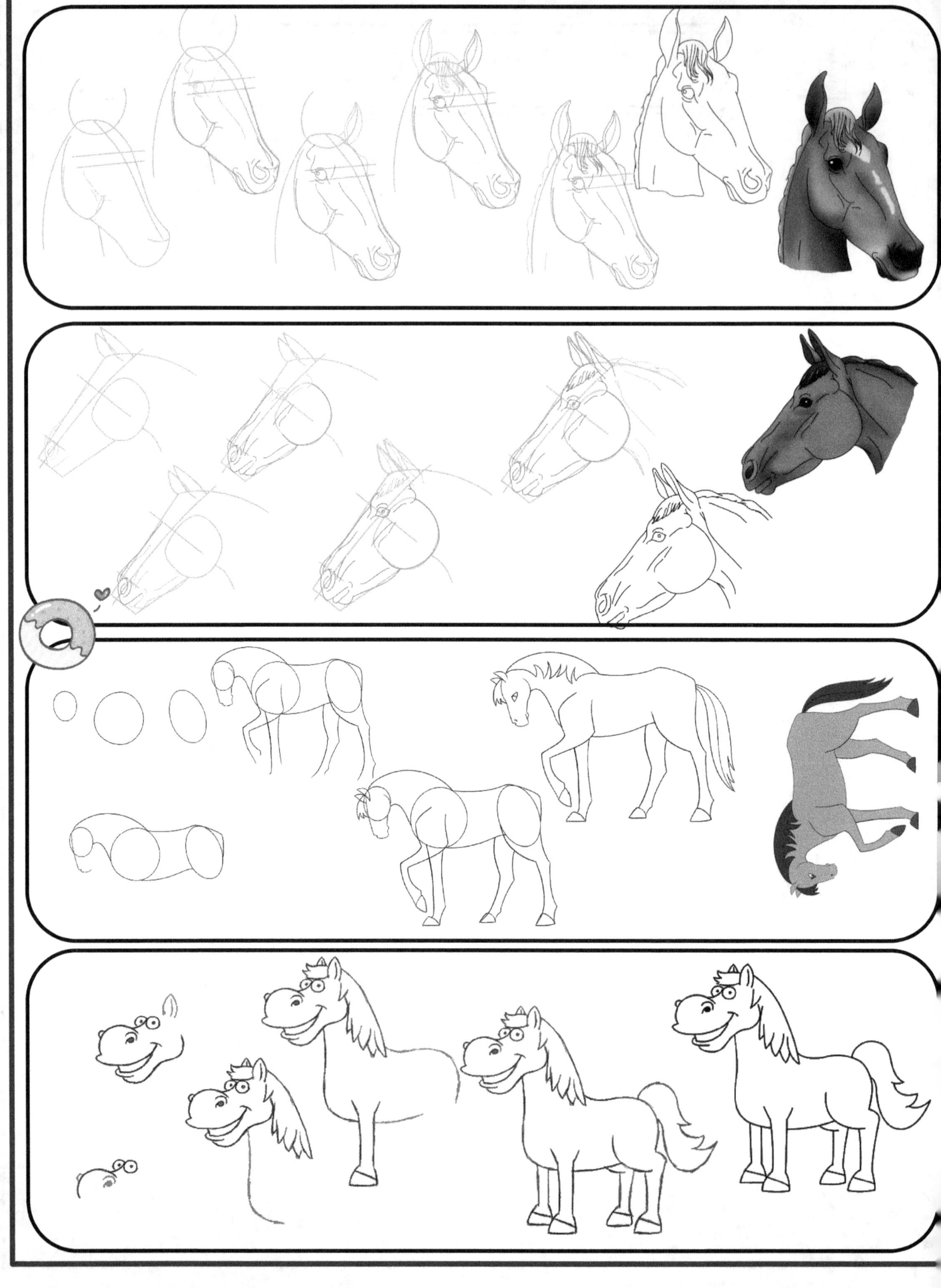

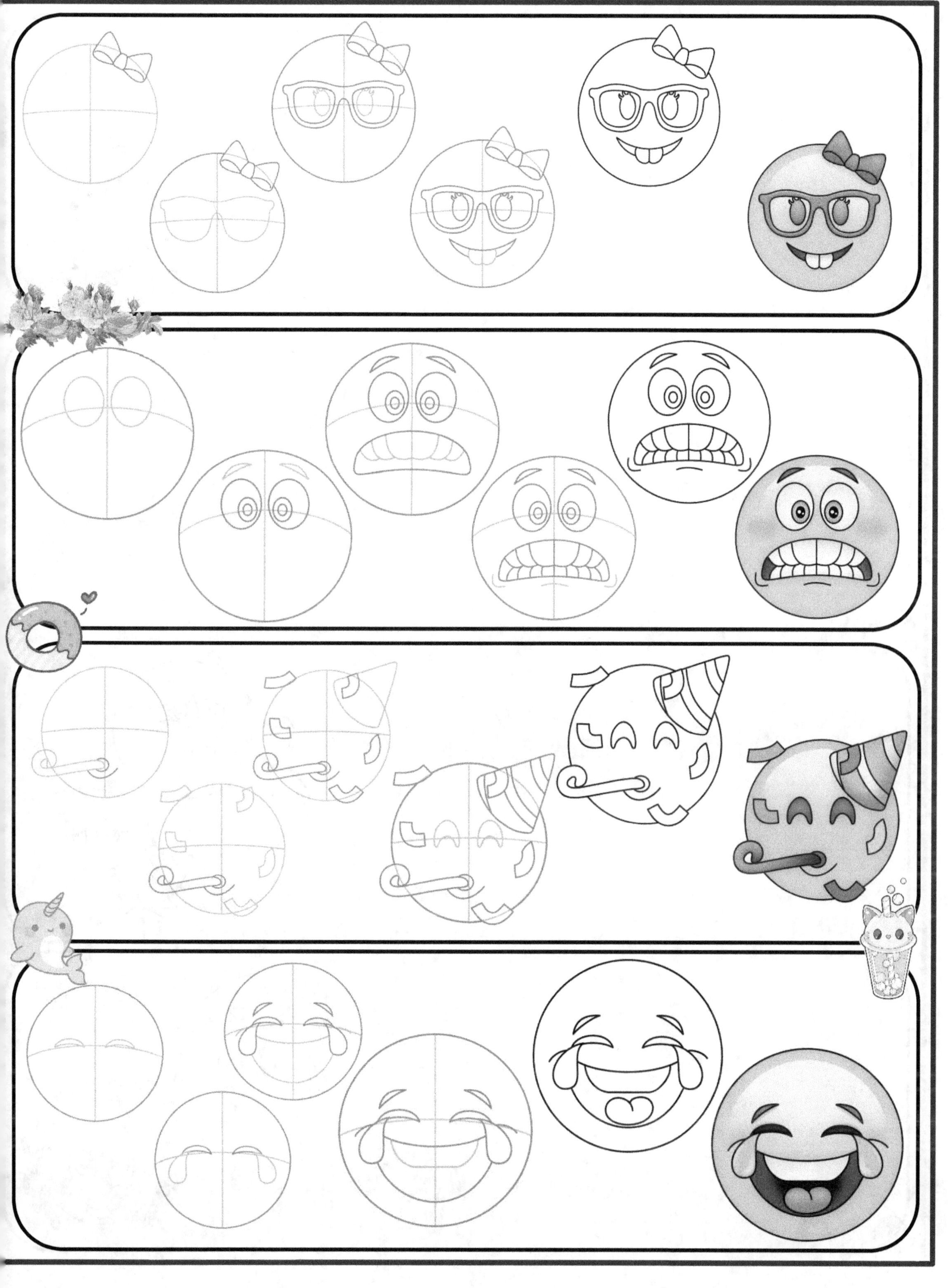

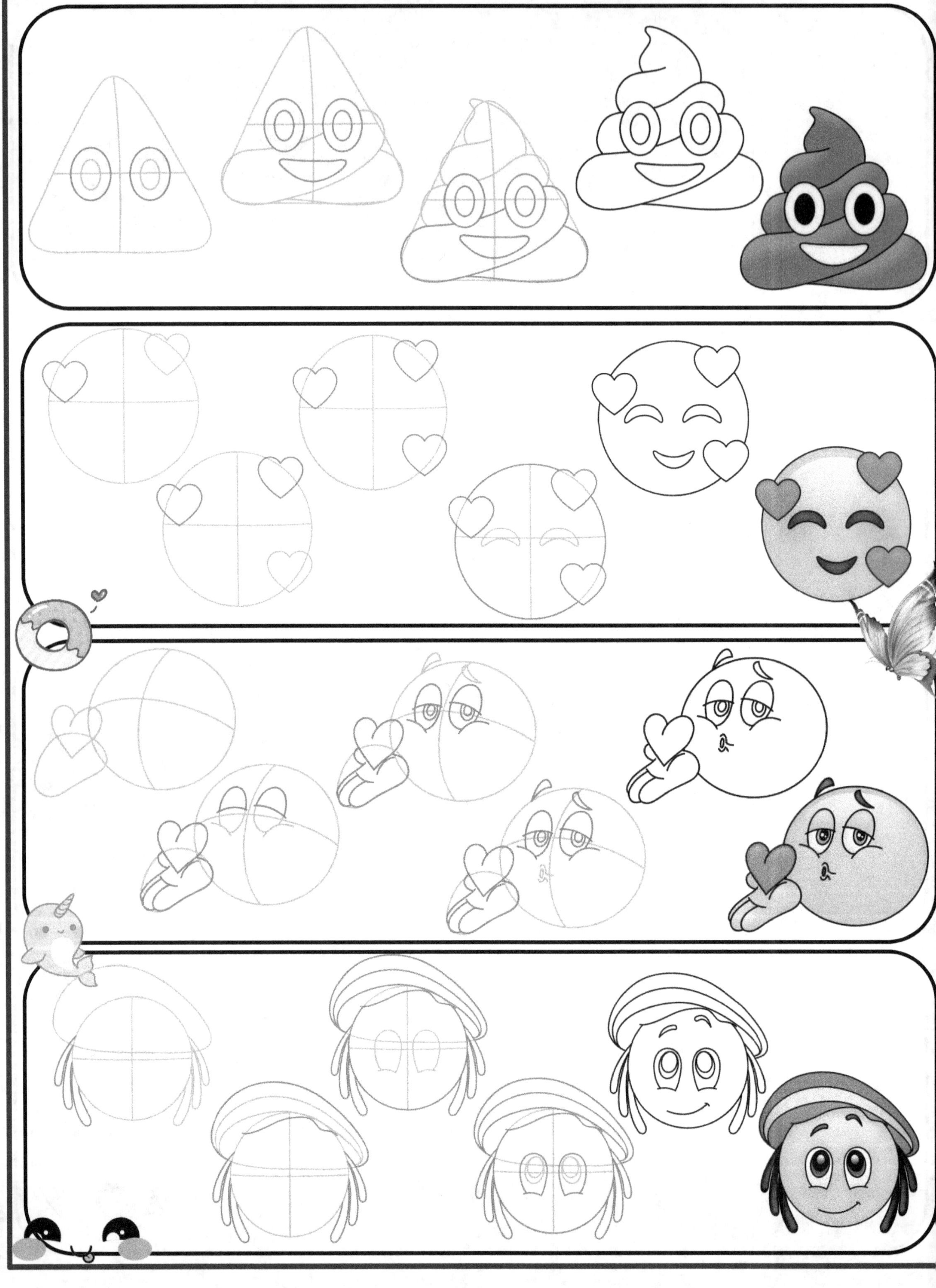

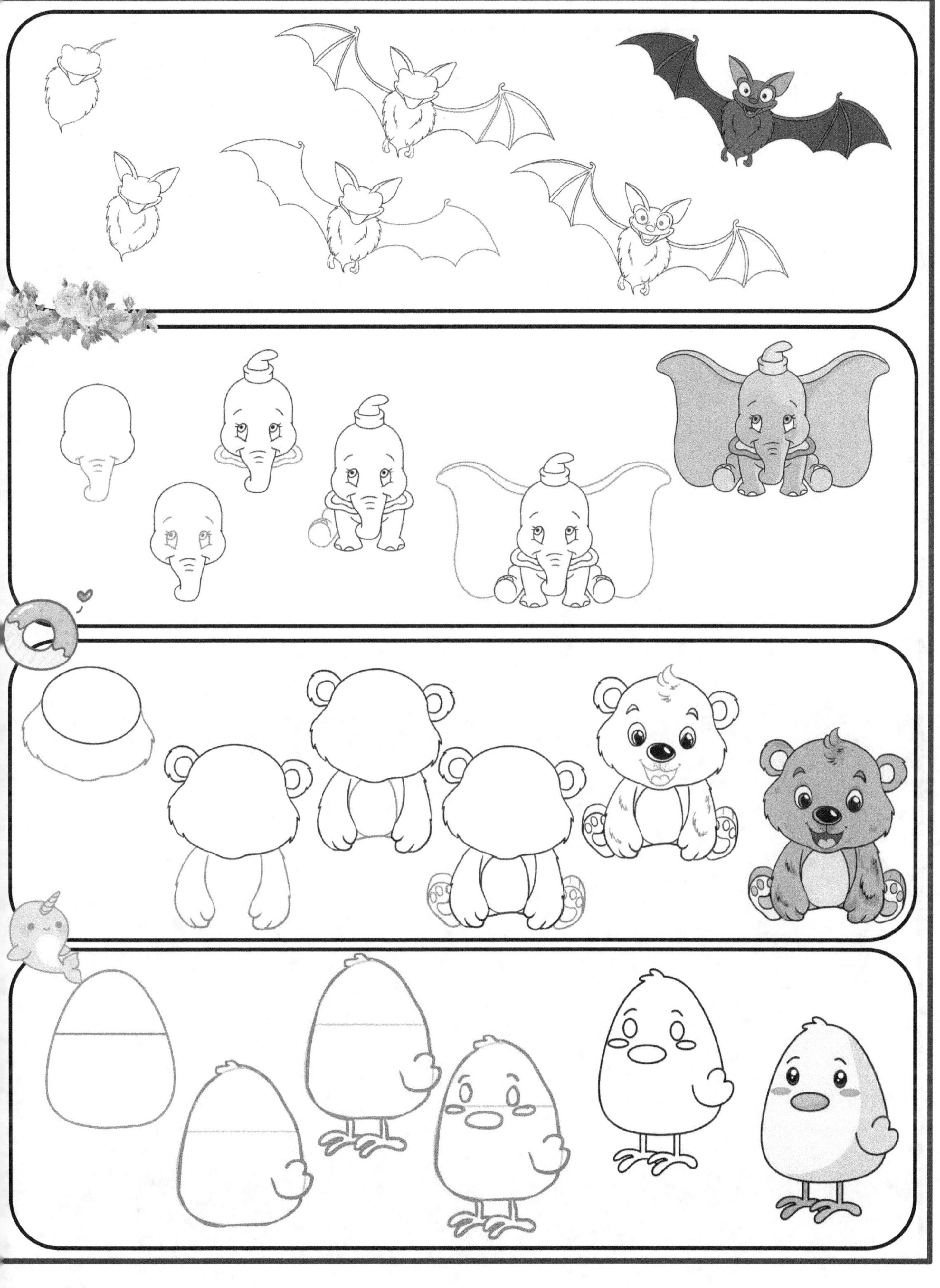

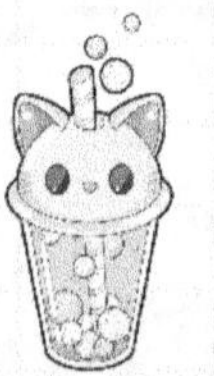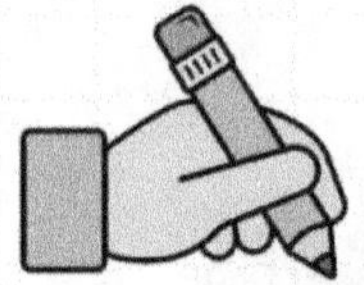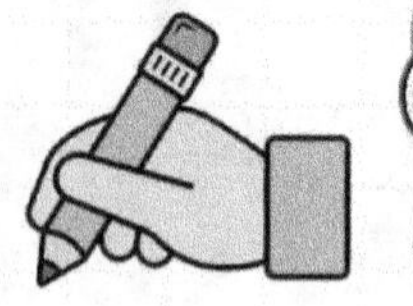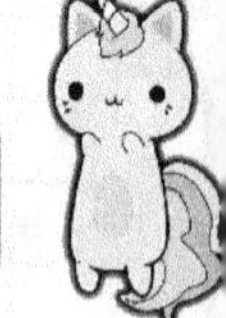

pratique

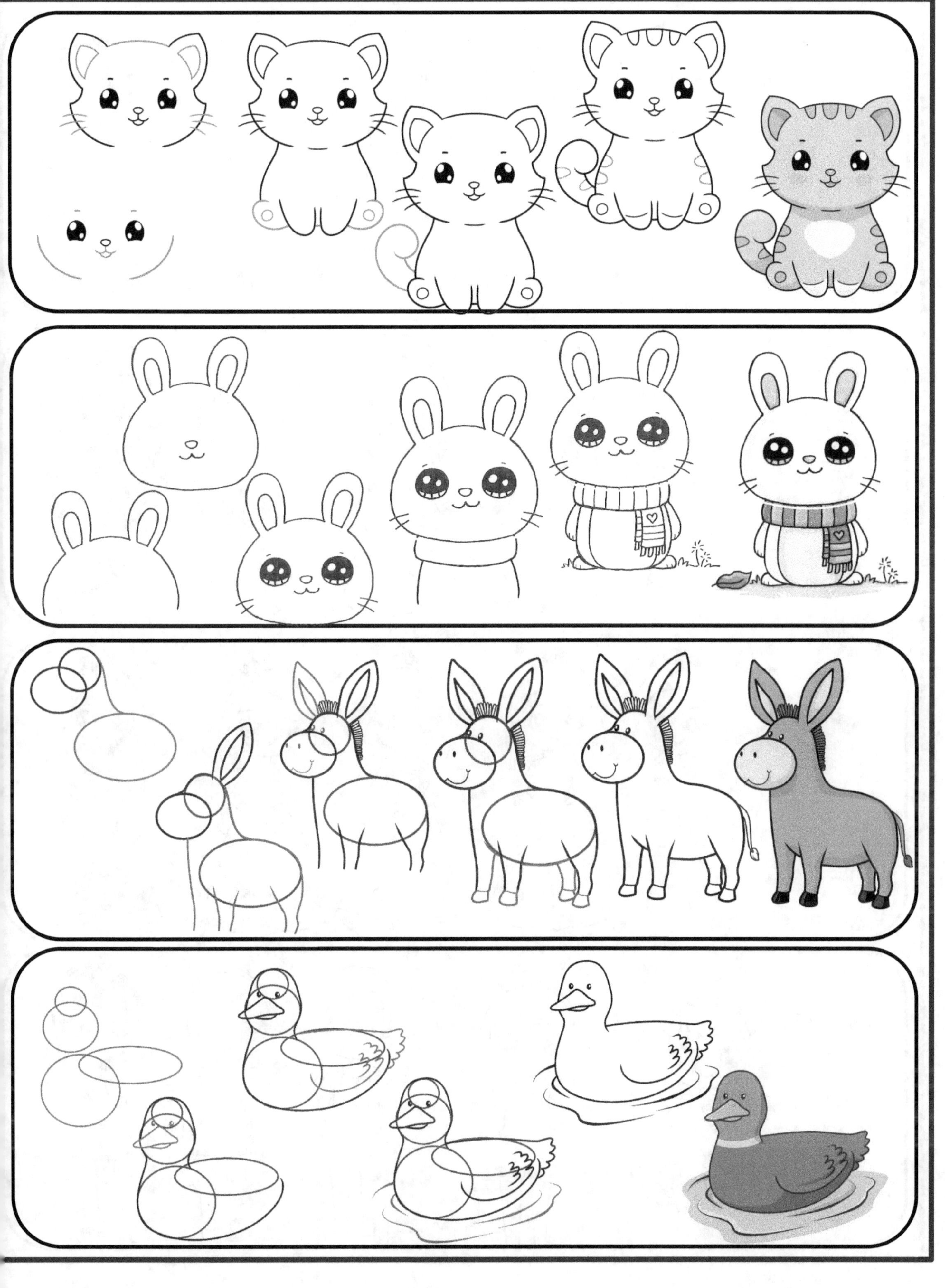

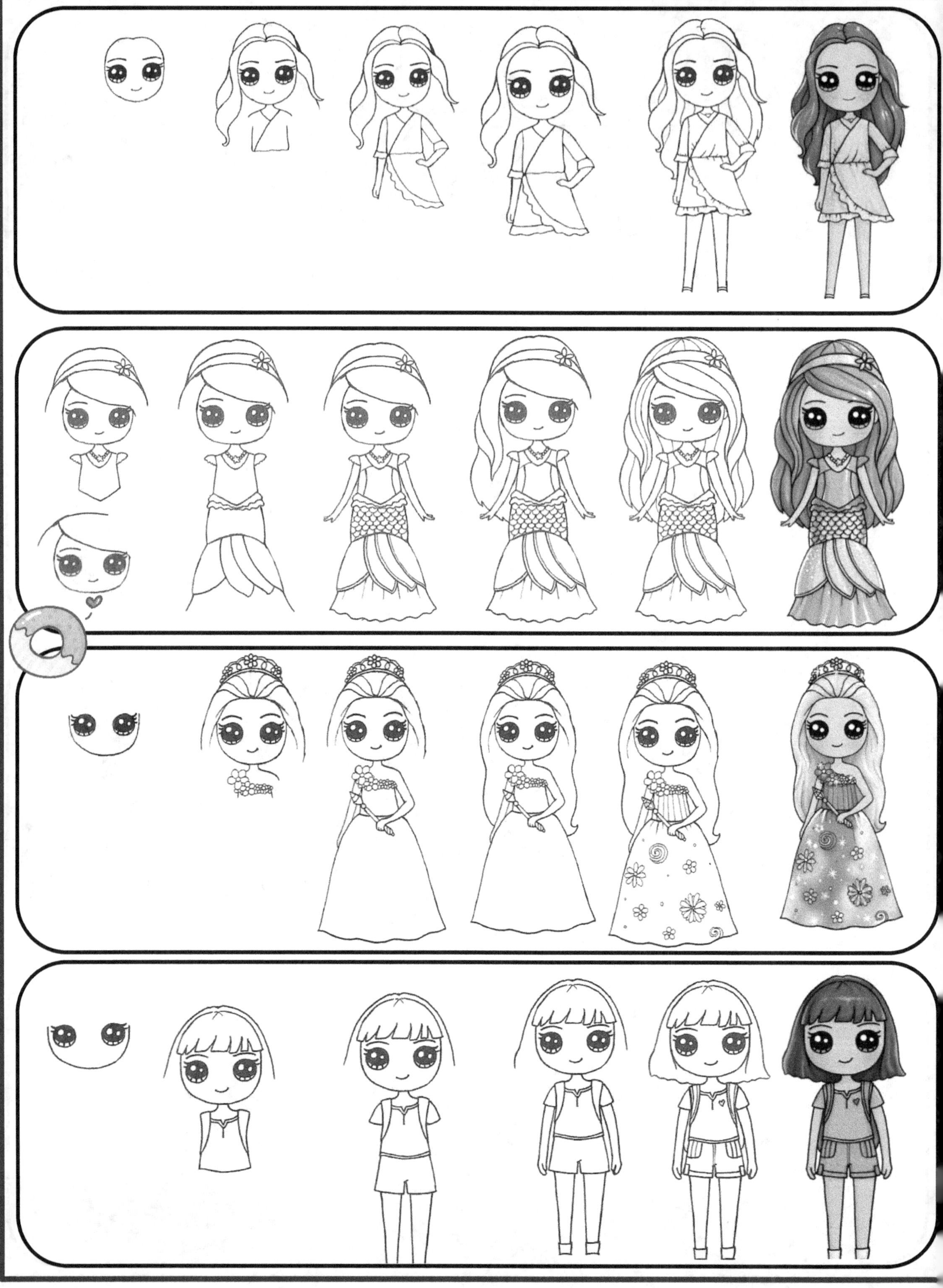

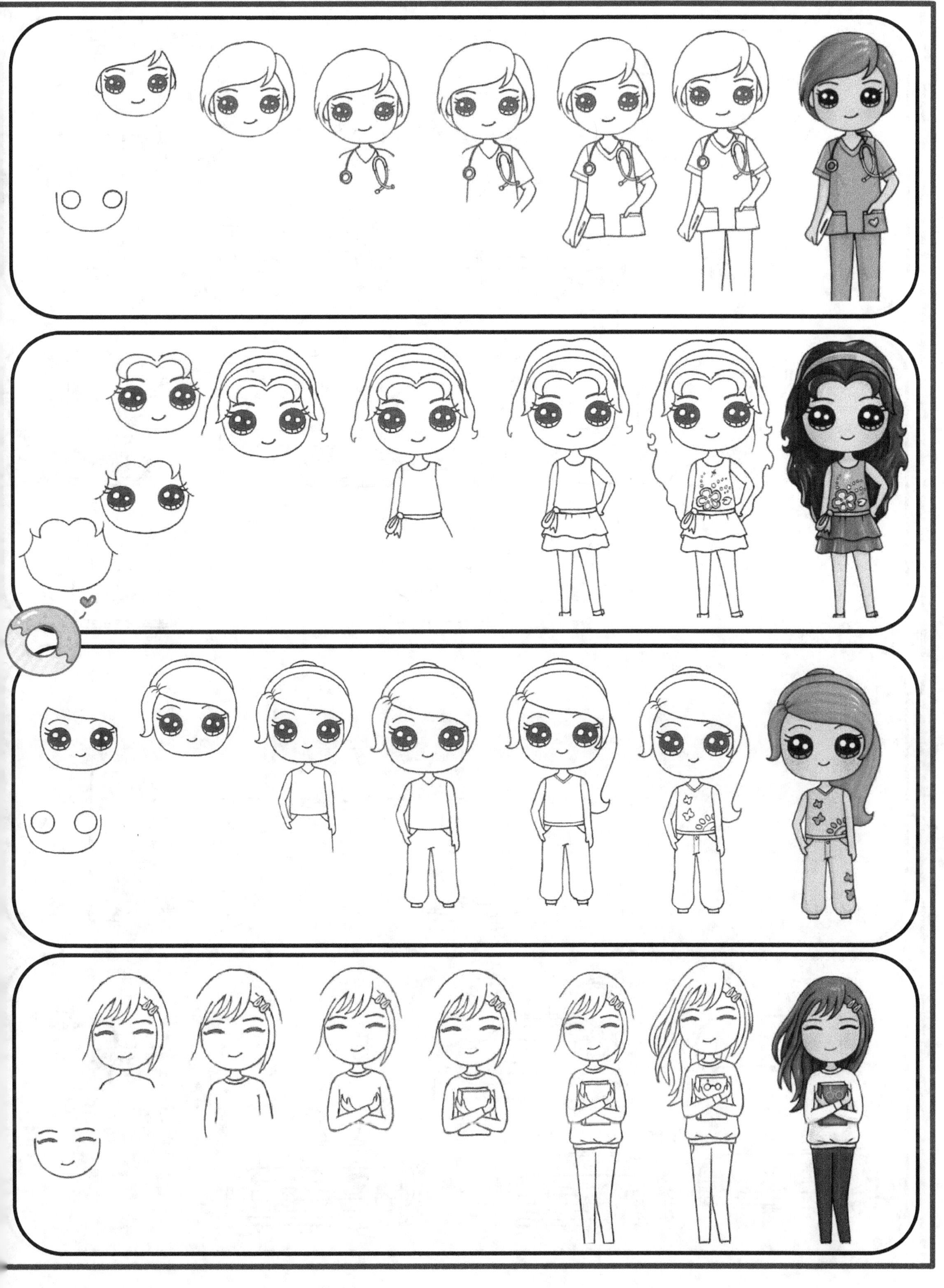

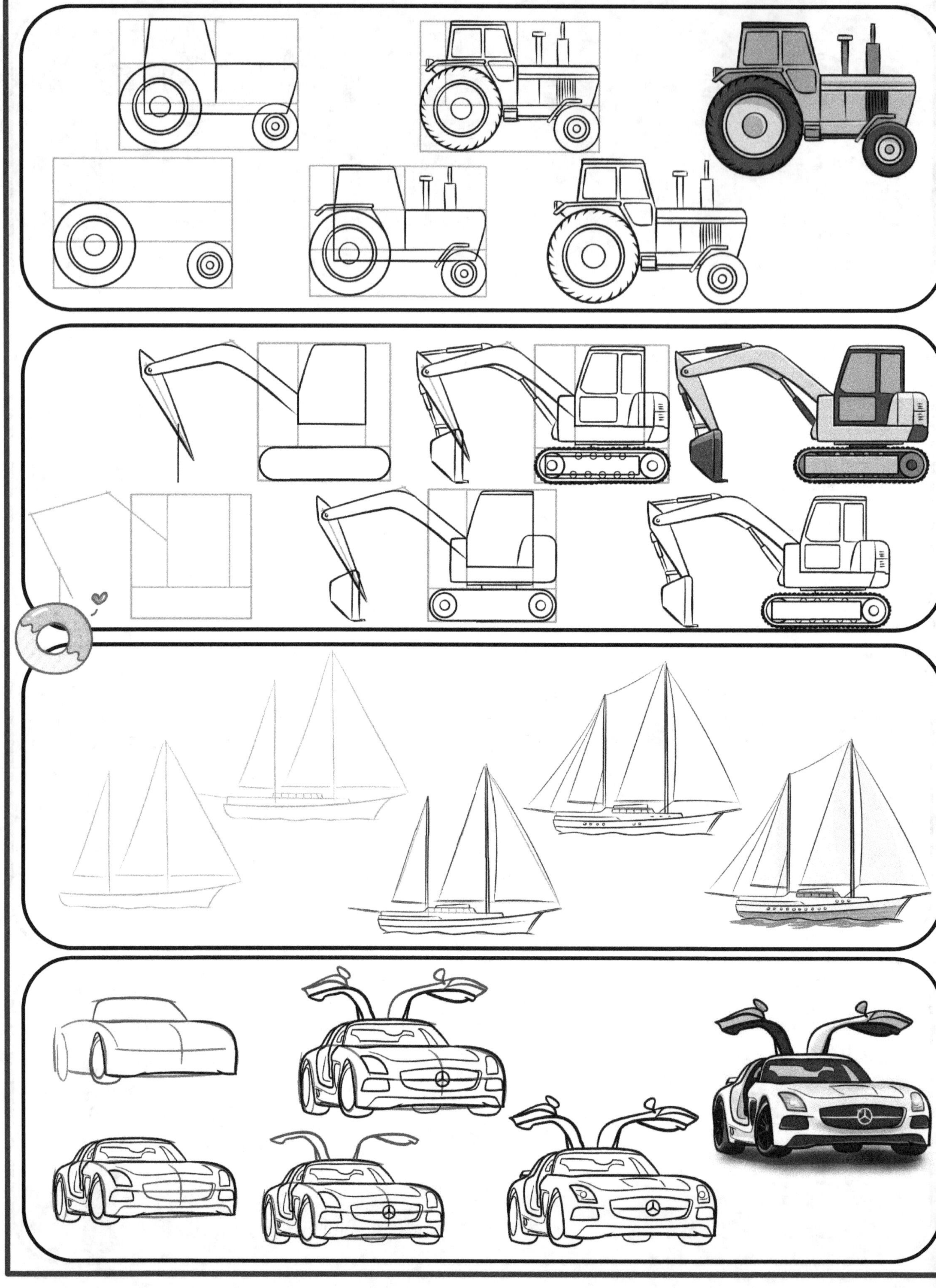

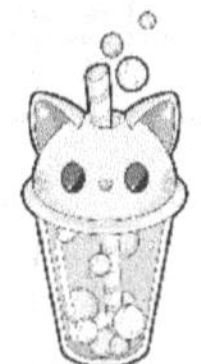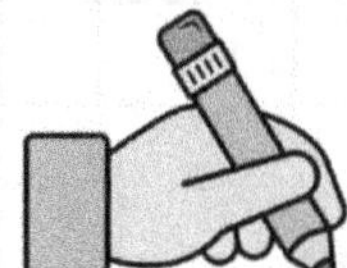

pratique

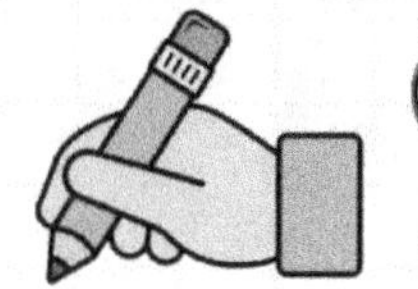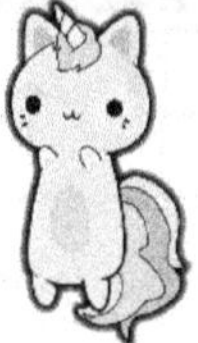

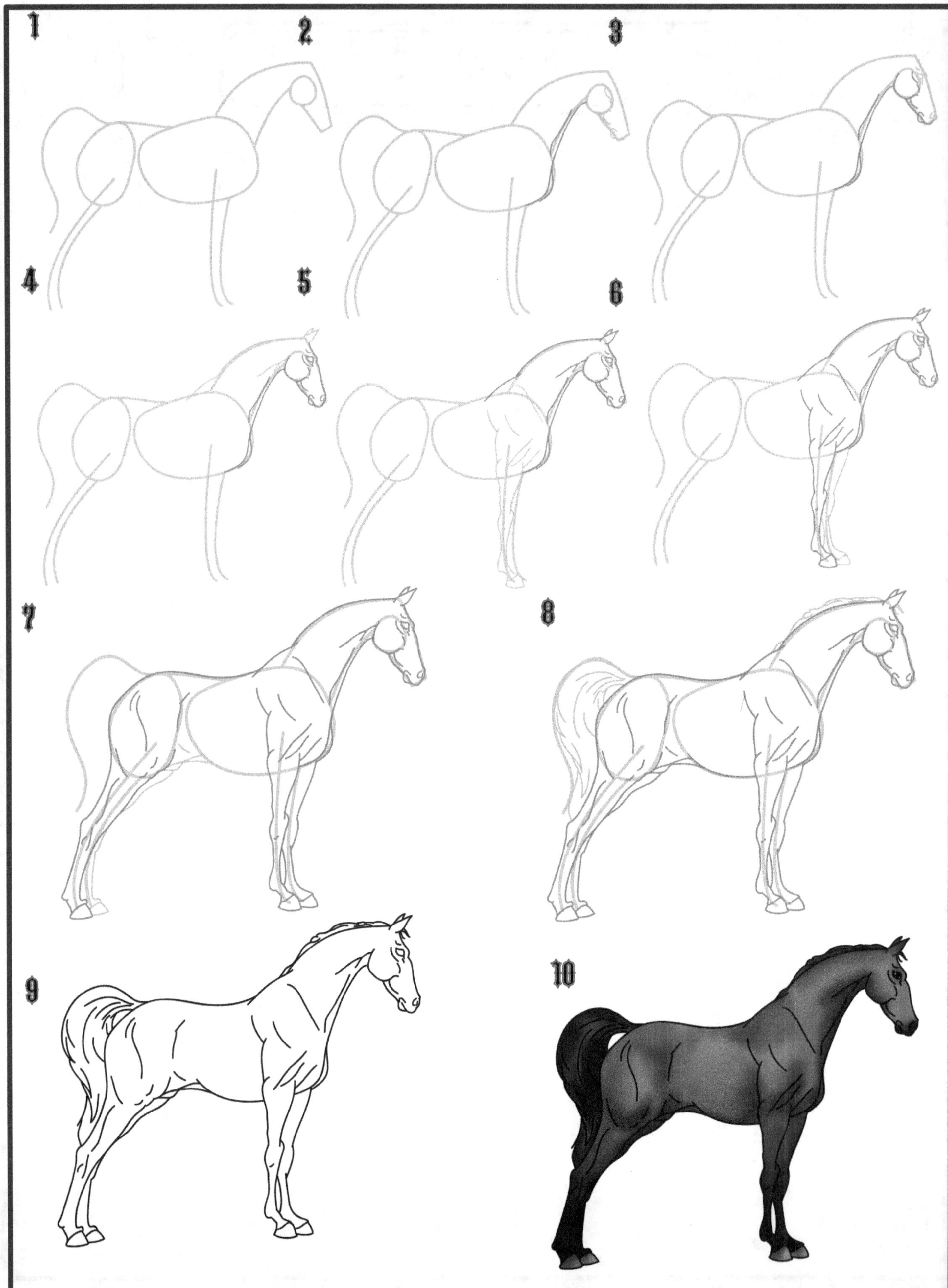

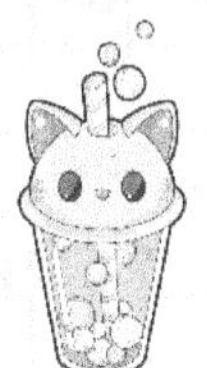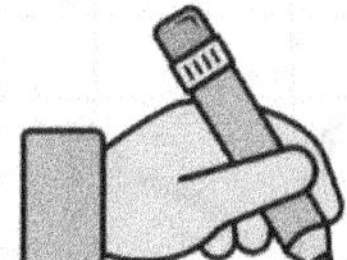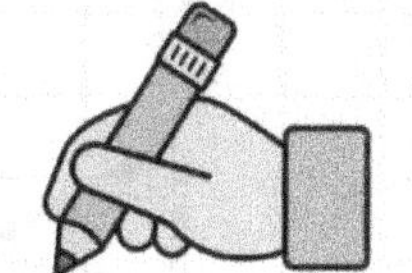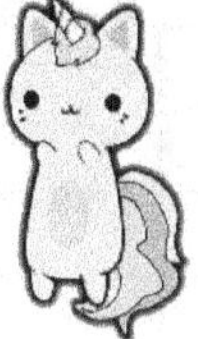

pratique

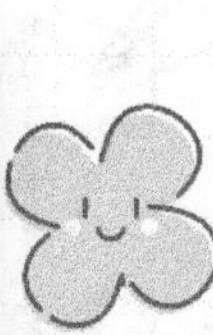

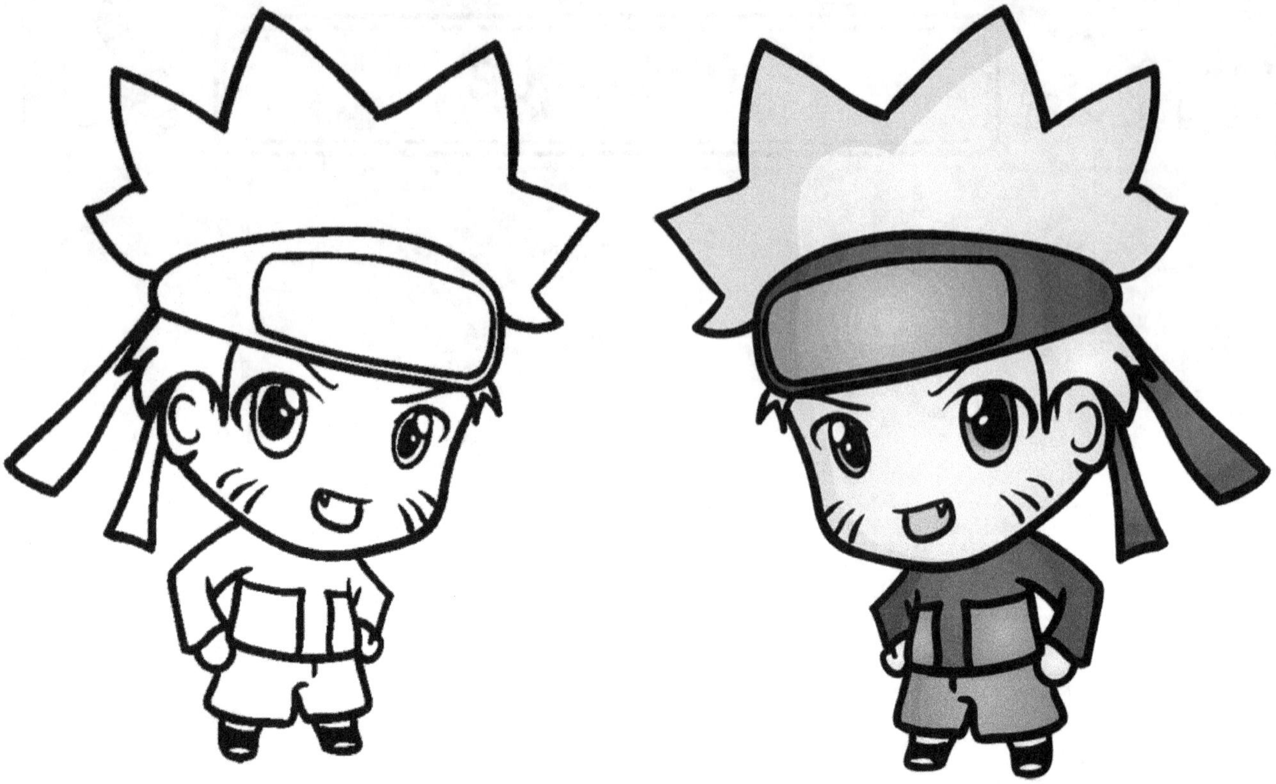

MERCI D'AVOIR CHOISI CE LIVRE. NOUS ESPÉRONS QUE VOUS AVEZ APPRÉCIÉ CHAQUE PAGE DE CE LIVRE ET QUE VOUS AVEZ APPRIS À DESSINER ÉTAPE PAR ÉTAPE ET À CRÉER VOTRE PROPRE ART.

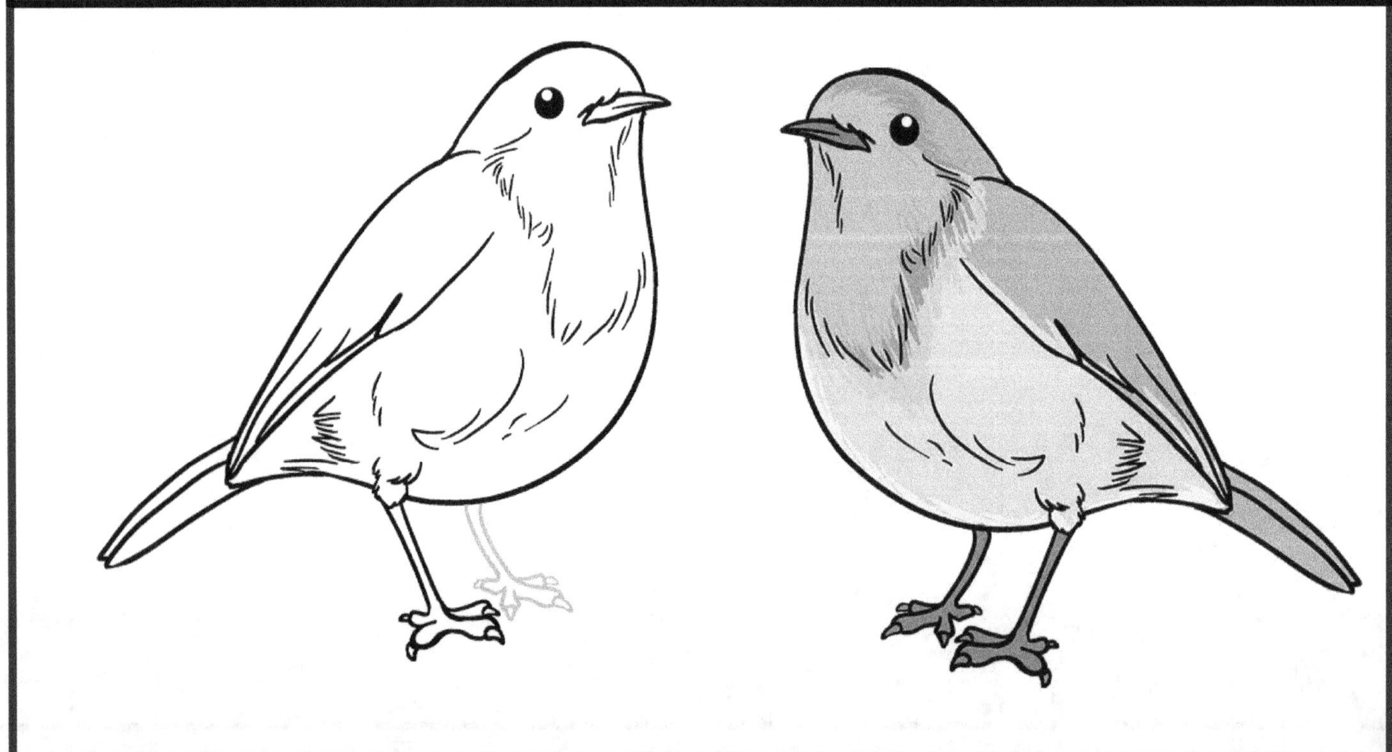